品牌升级
REBRANDING DESIGN

（法）约翰·德比（Johan Debit）/ 编

潘潇潇 / 译

品牌升级

REBRANDING DESIGN

广西师范大学出版社

·桂林·

images
Publishing

目录

序言

我一直以来都被视觉识别系统的影响力所吸引,它会直接决定着一个企业的命运,尤其是构成企业的重要元素——员工,影响范围从基层工作人员到上级领导。无论是简单的图案、色彩,还是版式设计,这些都是企业形象设计中的重中之重,甚至能影响企业的预算和未来五年的战略计划。这些影响几乎是系统性的,所以没有几个企业的领导者们会忽略品牌升级带来的深远利益影响。

正如之前所描述的那样,视觉形象识别系统这门学科已经成为了一种吸引大家眼球并使之凝聚的时尚艺术,而这一现象又被当代多元化媒体进行了放大。随之特别容易产生由于个人感知的差异性所带来的对品牌定位的讨论,因为每一个人都可以自由发表对标志设计的不同意见。就像我自己并没有在意菲尔兹数学奖最后花落谁家,却会关注相关社交媒体对 Airbnb 品牌重新设计的标识的讨论。

更新老化品牌形象

我们不需要去论证重新设计公司的品牌形象是否属于适当合理的行为。这是一个繁复而漫长的工程,且通常能对企业自身的发展规划产生显著的影响。那么就产生了一个悖论:虽然品牌升级本身的确是对企业经济活动的内在含义的质疑,为什么我们频繁使用的"更新"或"过时"这些术语会被认为是很肤浅的?因此,现阶段在讨论品牌问题的时候去质疑这些术语是很有必要的。

假设某一个品牌标志,我们去询问不同的人这个标志是否符合当代潮流?很有可能我们每次提问得到的意见都不一样。当然,同类群体的意见会趋向于相近。然而,对于同样的品牌标志,更多的可能性是得到截然相反的答案:一个会说它看起来有些过时,感觉不舒服,而另一个则会觉得恰当、和谐。

在产生视觉形象设计当代性问题的经济环境中,扭曲的认知也会出现。在一些所谓传统的经济活动中,设计文化尚未确立自己的定位,即使有的话,品牌标志在很长一段时间内也不会被视为过时的。而从公司的立场来看,行业的变化速度之快,使得企业视觉形象很快即被认为过时。但是一个标识是否过时又不是那么容易被定义的,那么,作为设计人员必须充分考虑多方面的因素。

所以说,无形变幻的设计世界本身就是矛盾结合体。保罗·兰德在 1956 年为 IBM 设计的充分传达了电脑技术力量的标识,虽然在当时看来可能是异想天开的行为,但为什么却没有引起任何争议呢?而同时,硅谷之前的大多数创业公司却在经历短短几年之后,便重新设计了它们的品牌形象标志。

我们对过时的企业视觉形象进行更新升级时有什么规则可以遵循呢？这里我们或多或少可以推理出一些普遍的准则。我喜欢将审美准则放在第二位，因为影响它的波动因素较大。如果我想要采取一条捷径的话，就会结合两个主要的方面进行综合考量：简约性和意义性。能成为经久不衰的视觉形象的魔法就是巧妙的将这两个观念融合起来。那些高级的标识作品往往都是用最简洁的形式，表达出最真实的背景理念。

简约性。这个话题已经被多次提及。多年以来，在设计界占据准霸权地位的瑞士现代主义风格就是坚持以这种简约性为准则。然而，如果说极简风格的视觉形象设计是持续性的保证的话，那么一个通用的、脱离实际的，又与竞争对手没有区别的视觉形象设计所能产生的效果就是微乎其微的了。甚至很多人认为，风格的选择才是设计工作的重中之重。因此，设计师需要将理念注入设计当中，理解众多背景因素，从而保证品牌升级成功。遵循简约性也是为了更好的适应新的应用和互动，这样才会产生显著的进步效果。

意义性。拿破仑·波拿巴曾说过这样一句格言："一幅好的素描胜过千言万语。"这句话也同样适用于设计工作。一个成功品牌的载体包括标识及其多样化的应用、企业的面貌、它存在的理由，以及它相关的态度。毫无疑问的是，单单品牌标识是无法体现出一个企业的业务范围和其复杂性的，但是它确保了企业的框架结构，催化了创作意图的产生。设计师的精湛技艺表现为系统性的展示：巧妙地衔接品牌形象的各个构成要素会增加品牌的理解性和可读性。

当品牌形象缺少了简约性和意义性的任何一方面，或两者都缺失时，那么品牌升级的必要性就变得更为显著了。

在对一个过时的企业视觉形象进行重新设计时，还有一个方面需要考虑，那就是财力和人力。在一个企业建立的初期，可能由于财力或者人力的不足，只能先设计一个简单的品牌形象。但是随着公司的逐步发展，这个简单的品牌形象也可以逐渐彰显出它的优点来。

很少有客户会去关注一个过时的品牌标识，我所指的是表面上看起来过时的，而这个理由就足够使企业去进行品牌升级了。我们不能仅凭心血来潮，亦或单纯满足视觉享受来设计品牌形象。如果品牌的视觉形式无法反映企业的本质，就会产生过时的感觉：当企业存在的原因与其视觉形象逐渐脱离的时候；当一个企业工作状态不佳，其员工设计灵感枯竭的时候；当品牌不足以清楚地回答"为什么"这个问题的时候。

但是最重要的是，设计就是脱离了量化和手段的限制，将快乐和分享渗入企业文化，将直觉作为决策的中心。

通过仔细审阅这本书里描述的一些具体案例，可以说大多数案例都符合以上这些情况。

瑞典设计公司 Essen 从一个全新的、有趣的视觉出发，重新设计了著名户外装备公司 Everest 的品牌形象（图 1）。Everest 公司的旧标识所展示出来的户外运动观念早已过时，即便字体使用了加粗和斜体的方式，也只是传递出有关速度和性能这种相对单一的常规运动品牌概念。新设计围绕着表达的精准性、质量的高端性以及"适当的场合使用合适的产品"的公司理念，结合永恒的美学观念重新定位品牌形象，确保新的品牌标识具有代表性和感知性，尽量让它做到历经时光而经久不衰。

我们公司在为法国快件运输的领军企业 Coursiers.com（图 2）做设计时遇到过类似的问题，在此过程中，我们委婉地告知对方，运输行业所使用的标识早已落伍。对客户来说，这是一次在行业中建立和实行新标准的机会，通过视觉形象设计传达出其蕴含的信息和文化理念。我们认真研究后，决

Everest 运动服饰 / 设计公司：
Essen International

Coursiers.com 快递公司 /
设计公司：Brand Brothers

定以行业的中心准则为切入点，那就是：将一封信件或者一个物品在规定期限内安全的从 A 点送达到 B 点，并尽可能的微笑着提供服务。由于标识符号的使用，图形视觉形象很容易理解，并且能直接而巧妙地传达信息。通过将大写的文字印在运输车的显著位置，该品牌以一种幽默的方式吸引大众的眼球。比如，"今天我拯救了你的时装发布会"；"今天我帮你挽回了年度合约"；"今天我让你在最后限期完成所有工作"；"今天是我缓解了你助理的情绪"等。这个品牌的策略就是反其道而行，如今在巴黎的大街小巷已成功的占领了一席之地。

2016 年，芬兰创意设计公司 Bond 通过为赫尔辛基爱乐乐团设计的项目（图 3）提供了一个古典音乐的图形呈现的全新视觉，并使其成为一个新标准。摒弃了音乐演奏大厅所运用的视觉抒情之感，常规排版所采用的波浪和花纹图案，以及古董级的老式字体，来自 Bond 的设计者们选择将古典曲目融入现代环境中，并用强大的图形设计来诠释振动和声音强度，与当代音乐场景相抗衡。这个项目所产生的影响就是加快文化领域内品牌形象的更新速度。

赫尔辛基爱乐乐团 / 设计
公司：Bond Creative
Agency

MAKE 咨询公司

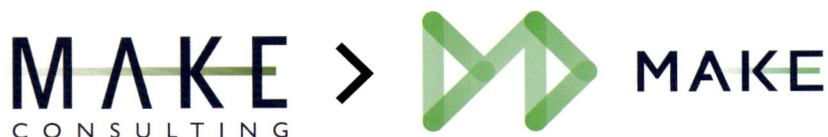

Make 咨询公司致力于为可再生能源领域提供研究分析和咨询服务,该公司需要一个向客户展现其双重优势的品牌平台,同时实现强大的协同效应。这一项目并未沿用普通的外观形象,而是在战略品牌基础、语言阐述和视觉识别部分引入了"传递可再生能源观点"的概念,其中视觉识别部分包括:

- 用于连接圆点与字标的全新动态箭头符号,可以展现公司的前瞻性思维和敏捷的分析洞察力;
- 充满活力的翠绿色,Make 咨询公司希望其与主要的蓝色格局形成对比;

- 字体设计,能够清晰地展现公司的基本数据及视觉表达的个性化;
- 摄影图像,通过颜色分级和令人回味的主题进行深化表达。

委托方
MAKE Consulting

设计公司
Make®

完成时间
2013

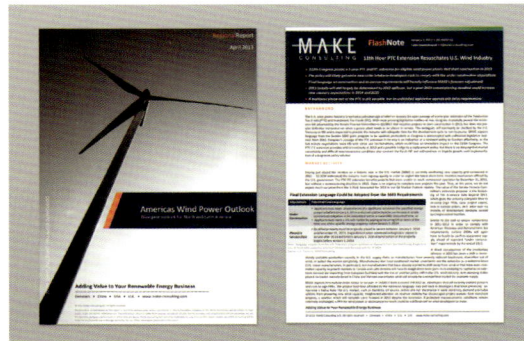

旧品牌形象

MAKE

Delivering renewable energy insight™

Pantone 354
C75 M0 Y85 K0
R0 G190 B80

Pantone 539
C100 M50 Y0 K70
R0 G40 B80

Mercury Display

50 key and emerging onshore and offshore wind power markets worldwide

Colfax

26,435 MW

Delivering renewable energy insight™

新标识已于2013年9月推出并被应用于新网站、办公用品、报告系统和报告文档中。公司的业务优势得到了巩固，并重新激发和增加了已有客户和新客户的需求。新标识一经投入使用，便已开始显现较强的协同效应，新的研究部门为咨询服务提供了新的切入点。

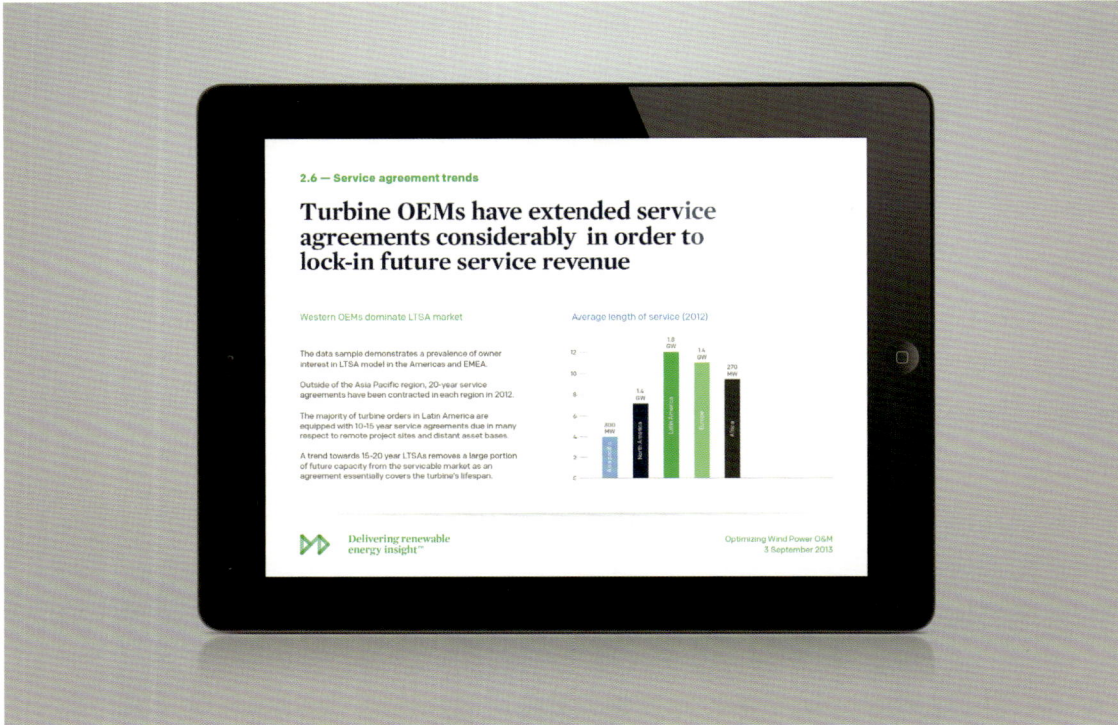

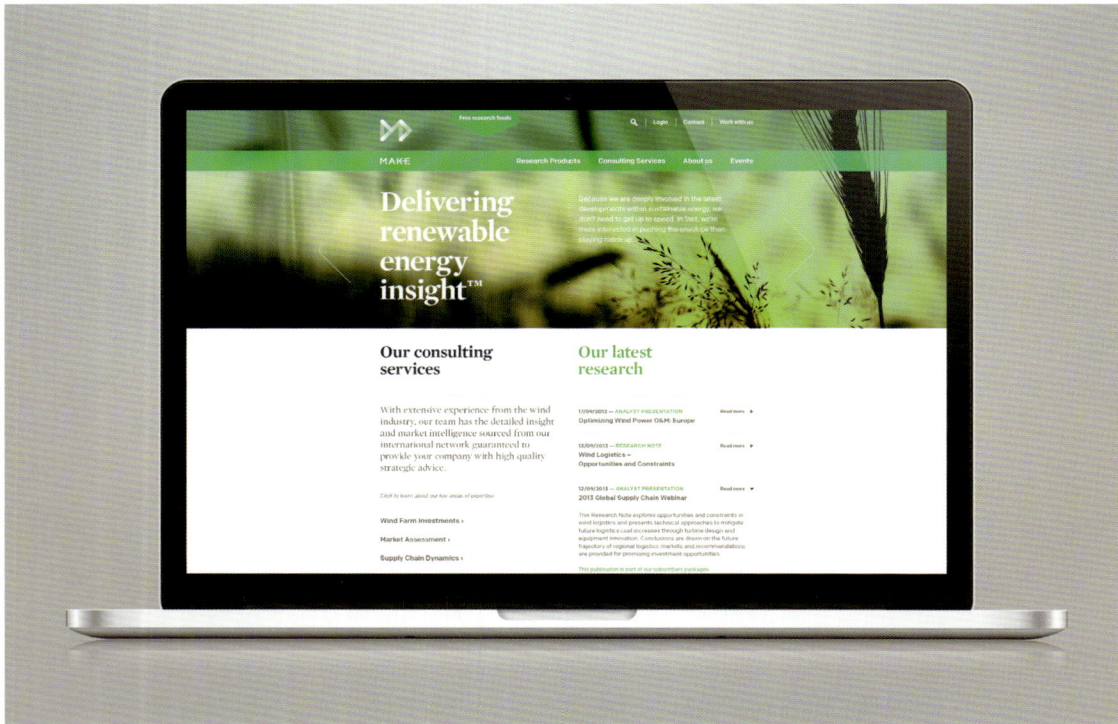

Industry experts
Accelerated results

Local knowledge
Global advantage

Global wind
turbine OEM
2013 market
share

EMEA
Wind power
outlook 2013

Roundhouse 演出会场

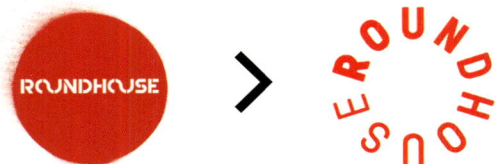

这一项目的主要目标是提升Roundhouse的形象，使其成为伦敦主要的表演场地之一，并突出其作为一个慈善机构所起到的不可思议的作用，希望通过这种方式建立 Roundhouse 的声誉。表演和活动所筹集到的每一分钱均会被重新投资于慈善机构，通过不断地创新来改变年轻人的生活。

另一方面，旧标识已经使人厌倦且缺乏清晰度，这与 Roundhouse 这一现代的、自豪的且充满活力的组织并不匹配。他们需要的是一个大胆的、豪放的、灵活的新品牌，以一种清晰且富于想象力的方式来传达品牌信息。另外，他们还希望突出与年轻人之间的关系。

新品牌的定位"我们创造改变"是由 Jane Wentworth Associates 提出的。Magpie 工作室发现，在许多情况下，改变是线性的，而 Roundhouse 的改变则是周期性的（这与 Roundhouse 的名字及其著名的圆形建筑非常相称）。因此，Magpie 围绕圆形开发了一个品牌体系。作为改变的象征，圆形标志位于视觉识别系统的核心位置，而围绕其周围的文字负责传递关键信息。除此之外，粗体的运用表达了一种引以为傲的格调和排版风格，同时也代表了 Roundhouse 员工们的激情与活力。

为了将年轻人的故事带到公众认知的最前沿，Magpie 工作室还设计了一个"故事框"，即在每个品牌应用上留有一个专门的空间，以此向公众讲述 Roundhouse 如何帮助改变年轻人生活的故事。

委托方
Roundhouse

设计公司
Magpie Studio

完成时间
2016

ROUNDHOUSE

ROUNDHOUSE RED	PROPER PURPLE
C0 M100 Y90 K0	C80 M100 Y0 K50
PMS 199	PMS 2627

THANK YOU
FOR TRANSFORMING
YOUNG LIVES

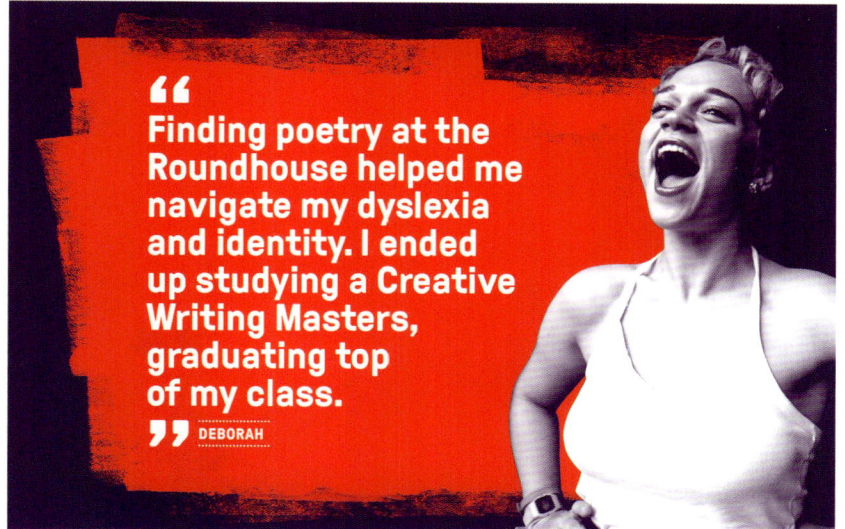

MUSIC POWERS EXPERIENCE POWERS

> " Finding poetry at the Roundhouse helped me navigate my dyslexia and identity. I ended up studying a Creative Writing Masters, graduating top of my class. "
>
> — DEBORAH

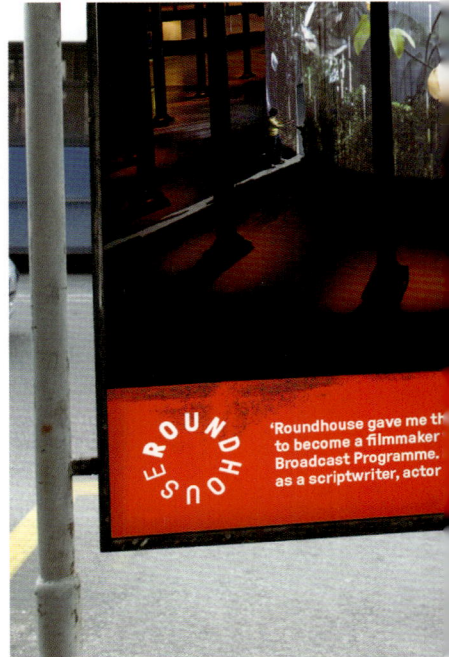

'Roundhouse gave me th
to become a filmmaker
Broadcast Programme.
as a scriptwriter, actor

Everest 运动服饰

EVEREST > ✕ everest

Everest 是一个户外休闲类的高级运动服装品牌，其成功也不乏 Stadium 的功劳。该品牌的目标群体是那些 35~45 岁的为孩子和丈夫购买衣服的女性。该品牌产品的价格略低于其他竞争品牌产品的价格。品牌方意识到自己的品牌形象已经过时，且亟须更新升级，因此，Essen International 决定与 Stadium 合作进行品牌升级。设计师与该品牌创始人从探究品牌的起源、其心路历程及发展前景入手。他们希望通过全新的品牌战略和品牌标识重振品牌，并将其带到

新的高度。品牌以"现为何时"的概念为核心，呼吁人们走向户外，参与活动。品牌标识的整体感觉和格调均是围绕这一概念进行精心设计的。

因该品牌是为第一届瑞典 K2 远征而创立的，该项目的核心旨在突出这个故事，而这些都清楚地体现在了标识设计中。设计师们从标识设计出发，进而设计图案、排印工艺和布局网格。色彩搭配与图案风格的设计旨在展现一种户外的、活跃的感觉。

委托方
Stadium

设计公司
Essen International

完成时间
2015

everest

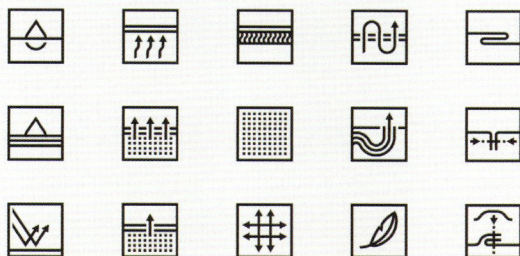

ADV. EXT.

1979

abcdefghijklmno
pqrstuvwxyzåäö
0123456789!?

Gumtree 网站

Gumtree UK 于 2000 年 3 月正式创立，其目标是帮助那些在伦敦生活的澳大利亚人和南非人找到房子、工作，结交朋友等。如今，Gumtree 网站已经发展成为一个开放的社区空间，吸引了英国各地的用户。网站里有一块刊登各类信息的告示板，包括工作、房屋、车辆、出售、宠物、服务 等 信 息。2005 年 5 月，Gumtree 被 eBay 的分类广告集团收购。收购时，Gumtree 已经在包括英国、波兰、法国、加拿大、澳大利亚、新西兰和南非等多个国家的城市中推出。

作为 2016 年专注品牌建设工作的一部分，Gumtree 带着一个简单的诉求来到 Koto 设计公司，并希望 Koto 为其设计一个引人注目的新标识。符号学分析和消费者研究表明，现有的 Gumtree 标识虽然能给人以深刻的记忆和强烈的差异感，但设计本身却非常过时，且缺乏灵动性。他们目标是借助新标识传达出简单性和现代感，并在充满竞争的数字化市场中保留品牌的独特性。新标识展现了 Gumtree 未来进军英国前十大网站的雄心壮志。

先前的标识设计是以该品牌的创立过程为基础的，而 Koto 设计公司则以一种开放的心态对树形与非树形标识两种设计方案进行探索。通过对消费者进行研究，设计公司很快便意识到

委托方
Gumtree UK

设计公司
Koto

完成时间
2015

Gumtree
sub-brand

Gumtree

Gumtree

Bark

Myrtle

Leaf

Berry

Blade

Moss

Branch

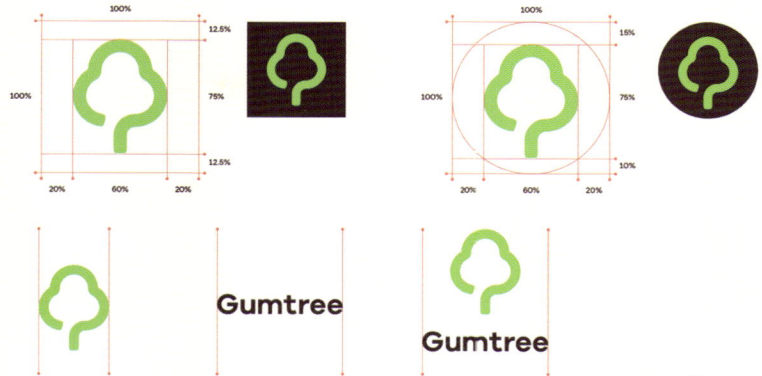

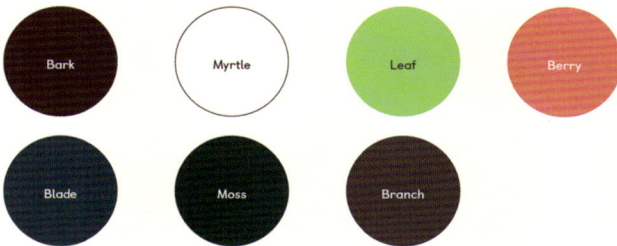

Castledown Fun
AaBbCcDdEeFfGgHhIiJjKk
LlMmOoPpQqRrSsTtUuVv
WwXxYyZz — 0123456789 º12345

!"#$%&'()*+,-./:;<=>?@¨©º«¬®
$\frac{1}{4}\frac{1}{2}\frac{3}{4}$ fifl ∂∆∏∑−√∞∫≈≠

SOLD

31% of the JK Digital Population
visited in August 2015.

HOME
Gumtree

New job?

BOUGHT

Building lasting
foundations.

消费者期望并想要树形标识成为品牌的一部分。因此，在开始设计之前，Koto 进行了大量的研究工作。用心去研究艺术家及设计师在过去几百年中是怎样呈现树形标识的，对设计公司来说非常重要，这样一来便可确保了解广大品牌受众所接触过的每一个品牌符号。

对富庶地区进行开发也是设计过程的一部分，Koto 依靠敏锐的洞察力和战略协同设计了新的树形标识。这个更为简单的树形标识更能体现增长性、稳定性和多样性的自然内涵，并会在未来几年内成为识别度极高的品牌标识。

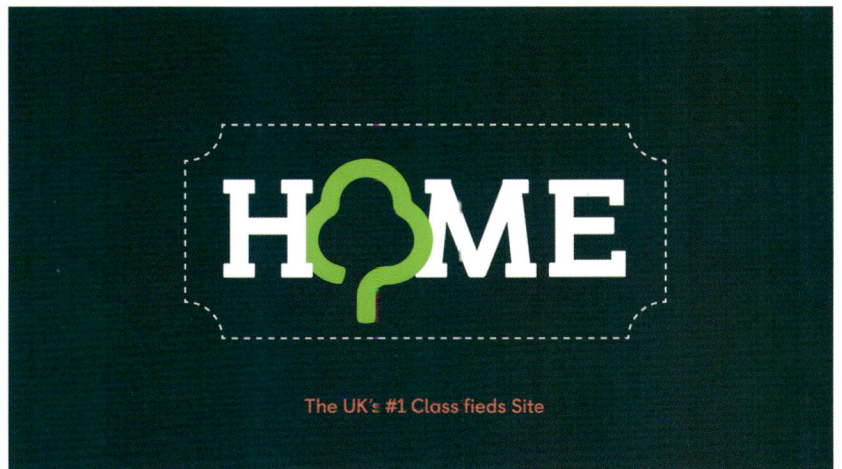

HOME

The UK's #1 Class fieds Site

技术行业中有很多品牌标识是以深红色为主色调的。而该项目却采用明亮的天然绿色吸引人们的注意力，这是对先前品牌色彩应用的革新。利用暗色系与明亮的绿色形成对比的设计灵感源于彩虹桉树及其独特的多彩树皮。

出于现实考虑，Gumtree 需要一个既能在小型移动屏幕上，又能在大型广告牌上出现的标识。从情感上来讲，Koto 想要设计一棵专属于 Gumtree 的树，让各年龄段的人群，而不只是千禧一代，均可获得一种永恒的、舒适的感觉。最终的品牌形象是为数字化品牌设计的，既适用于未来目标，又有助于潜在用户重新审视该品牌。

TUNE IN

on gumtree.com

Gumtree

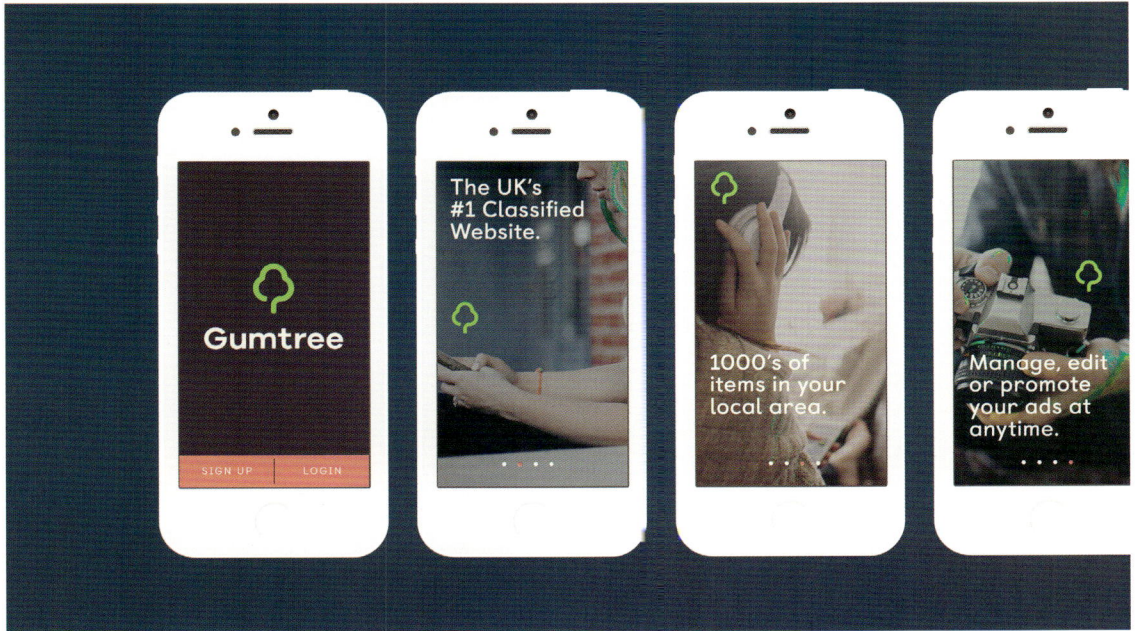

Gumtree

SIGN UP   LOGIN

The UK's #1 Classified Website.

1000's of items in your local area.

Manage, edit or promote your ads at anytime.

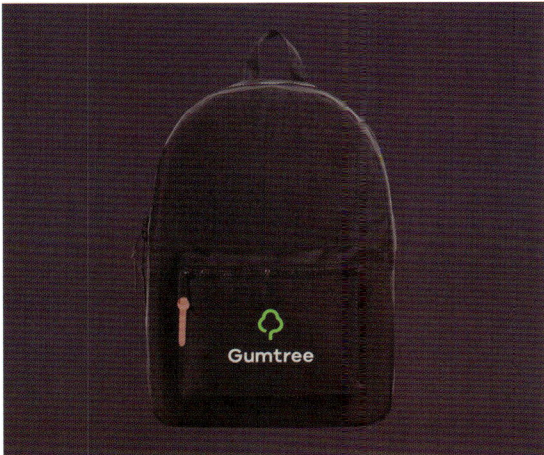

Gumtree

赫尔辛基爱乐乐团

HELSINGIN ♪ KAUPUNGINORKESTERI

HELSINKI PHILHARMONIC ORCHESTRA

赫尔辛基爱乐乐团秉承了古典音乐的传统，并将 Jean Sibelius 在赫尔辛基创作的作品作为保留曲目。先前的视觉标识传统、过时、不协调，因而需要进行重新定位和整合。该设计旨在形成一种整体的品牌体验：这种见解需要建立在乐团的关键要素——音乐家的基础之上。音乐家是乐团的肉体和骨骼，在舞台上演奏乐曲时，他们的整个身心都属于舞台。新品牌的核心在于将这 102 位音乐家合力创作的音乐能量传播给听众。另外，标识是围绕乐团名称进行设计的，102 位音乐家的名字将标识环绕其中，形成了一个生动逼真的整体效果。富有冲击力的单镜头拍摄图像可以在视觉上捕捉到音乐的力量和能量，并突显出音乐家的关键性作用。品牌传播将焦点集中在音乐能量上——巨大的声音和现场体验，一场超出音乐会本身的音乐会。因此，新的视觉形象在标识与摄影概念上使品牌定位和音乐家得以再现。更为重要的是，新标识让赫尔辛基爱乐乐团更加与众不同，并以一种永恒和现代的方式传达其品牌定位及核心信息。

委托方
Helsinki Philharmonic Orchestra

设计公司
Bond Creative Agency

摄影师
Marko Rantanen

完成时间
2015

旧品牌形象

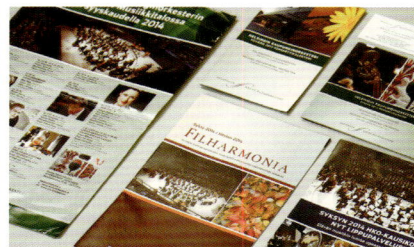

HELSINKI PHILHARMONIC ORCHESTRA

TOP

BOTTOM

DIVIDED

LEFT   RIGHT

FOUNDERS
GROTESK
CONDENSED
1234567890

TYPONINE
STENCIL

GITA KADAMBI
General Manager

gita.kadambi@hel.fi

HELSINKI PHILHARMONIC ORCHESTRA

+358 40 163 8690

www.helsinkiphilharmonicorchestra.fi
Helsinki Music Centre, Mannerheimintie 13 A, Helsinki, Finland

JERE SIUKOLA
Orchestra Manager

jere.siukola@hel.fi

HELSINKI PHILHARMONIC ORCHESTRA

+358 40 758 6866

www.helsinkiphilharmonicorchestra.fi
Helsinki Music Centre, Mannerheimintie 13 A, Helsinki, Finland

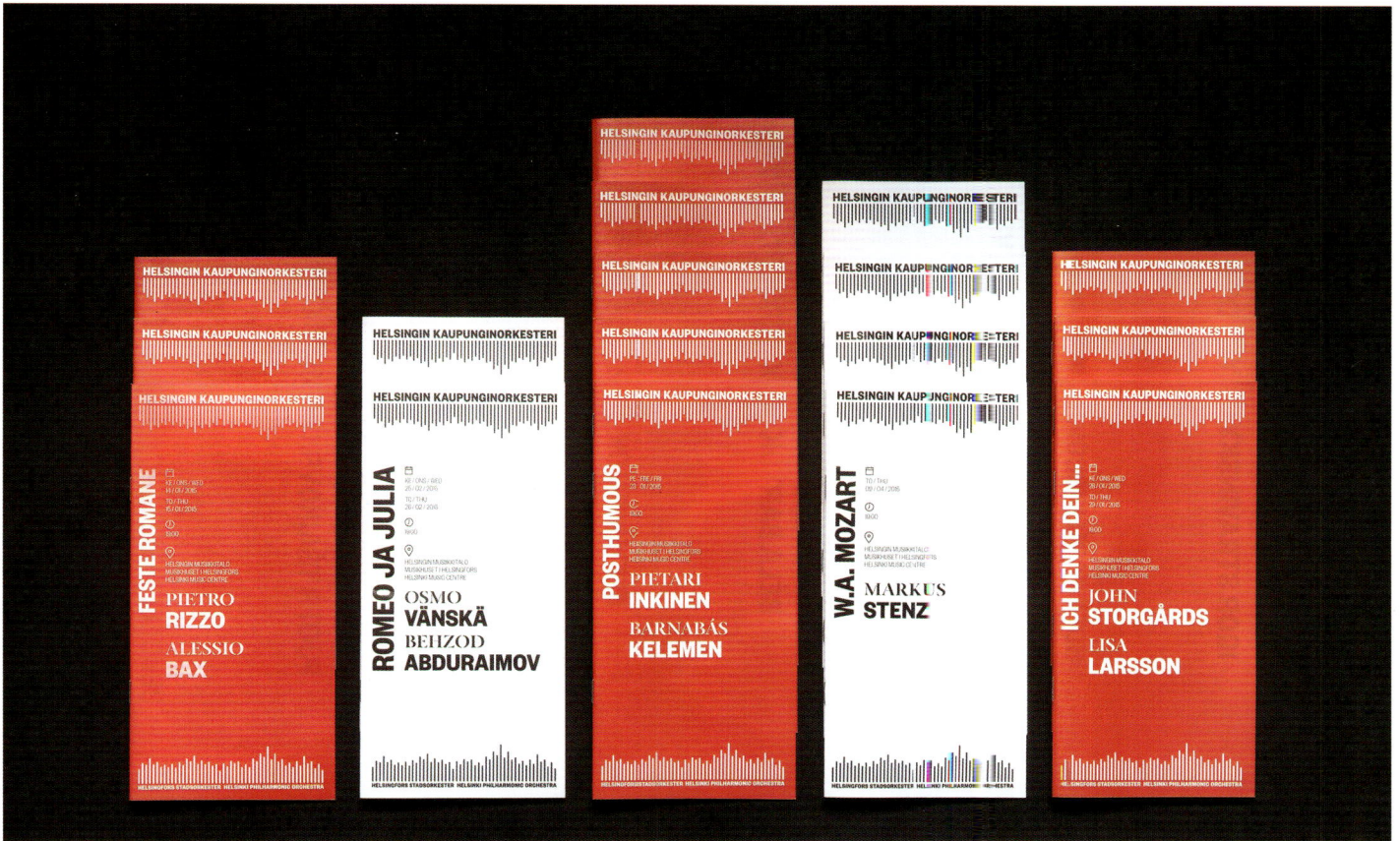

波士顿建筑师协会

波士顿建筑师协会是美国建筑师协会中年代最久、规模最大、最有活力的组织。该组织致力于其成员的专业发展、宣传优秀的设计，并与公众分享其对建筑环境的看法。随后，该组织迁入一栋拥有更大展示空间的新的公共建筑内，这一举措促使波士顿建筑师协会委托 Minelli 公司设计一个简单的、优雅的、易于理解的新品牌形象，使其图像与信息可以统一起来。

Minelli 利用视觉和语言工具恰当地表达和说明了波士顿建筑师协会各实体之间的关系。新的品牌架构和视觉工具一经确定，Minelli 便着手设计新的网站和创意概念，使品牌更加真实生动。图标"A"作为视觉中心，将整个标识划分为五个区域。该项目的最终目标是拥有一个能够代表所有建筑物的视觉符号，因此需要设计出一个能使人们了解建筑师协会工作的，具有统一的品牌架构的前瞻性系统。

该项目旨在将波士顿建筑师协会的各个实体——基金会、杂志、贸易展和成员组织——纳入一个现代的、公开的、清晰的而又引人注目的统一标识下。将这些实体整合在一起可以提供多个切入点，同时也可使整个品牌线索清晰。其结果令人印象深刻，浏览次数、成员人数和筹款数额都有显著的增长。

委托方
Boston Society of Architects

设计公司
Minelli Inc.

完成时间
2014

旧品牌形象

AB
ARCHITECTURE BOSTON
MAGAZINE

ABX
ARCHITECTURE BOSTON
EXPO 2014

BSA
BOSTON SOCIETY
OF ARCHITECTS

BFA
BOSTON FOUNDATION
FOR ARCHITECTURE

c54, m1, y93, k2
PMS 368

c72, m56, y74, k41
PMS 447

ABCDEFGHIJKLMNOPQRSTUVWXYZ
abcdefghijklmnopqrstuvwxyz
0123456789

ABCDEFGHIJKLMNOPQRSTUVWXYZ
abcdefghijklmnopqrstuvwxyz
0123456789

Wrecking Ball 代理机构

该机构为创立于 2007 年，当时名为 Wrecking Ball Media Group。虽然其侧重点是技术，但它的创始者却是致力于设计、摄影和视频制作的。令他们颇为懊恼的是，该机构发现，多年以来，人们一直认为他们是一家"媒体机构"，一家购买和售卖广告空间的公司。另外，该机构的服务范围也已大幅扩展了，因而他们决定是时候该重新考虑品牌形象，并向世界展现他们的本来面目了。

在品牌升级过程中，设计师将重点放在了工作室上，并利用了多种创意技术，从用户体验和交互设计的黑暗艺术到摄影、视频制作、语言艺术、3D 打印等。实验室也是很重要的一部分，它是所有东西的研发中心，在这里，实验与工程相互交叉，技术与求知欲相互碰撞，从而为实际应用作准备。因此，他们将机构名字改为"Wrecking Ball Studio + Labs"，这个名字能更加准确地表达出他们是谁及他们的使命是什么。

除了更改机构名称之外，他们还需要更新网址。"getwrecked.com" 这个域名一语双关，非常符合这一团队的幽默风格。这种方式也确实引起了人们的注意，同时也呼吁那些面临具有挑战性且迫切需要完成的任务的人们行动起来。

演变过程

委托方
Wrecking Ball Media Group

设计公司
Wrecking Ball Studio + Labs

合作者
James Begera（创意总监），Carlos Ramos（艺术总监）

完成时间
2016

WRECKING BALL
STUDIO + LABS

WRECKING BALL
STUDIO + LABS

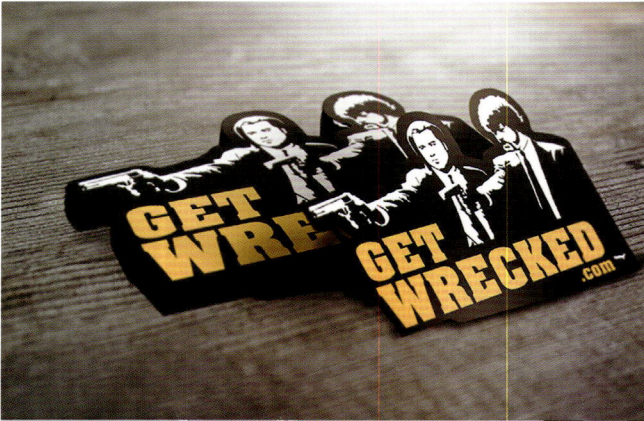

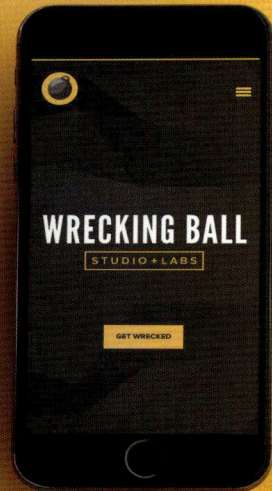

GETWRECKED.COM

WRECKING BALL
STUDIO + LABS
GET WRECKED

THE WORK

WE ARE WRECK

CHANGE IS IN

SHOWR

We strategize, design, create,
plan, define and market.

All before our third cup of joe.

THE WORK

Project 1324

In 2006, Adobe launched Youth Voices, an non-profit educational program to help y...
powerful stories that effect social change. Though AYV has reached more than 2,500...
program is primarily a classroom-based experience between educators and student...
best elements of the program and supercharge it with the power and immediacy o...

Adobe invited Wrecking Ball to help define what a digital version of the program c...
concept. The result was an enterprise platform where youth around the world, age...
issues using creativity by sharing video, photography, and other forms of digital...
power various campaigns from a host of partners – The Malala Fund, Sundance Inst...
Project and others – to consolidate and promote the voices of the world's youth an...

The first campaign launched on the platform was #withMalala, hosted by The Mala...
challenges faced by women in vulnerable communities seeking safe, quality educ...
Next? (Sundance Institute) prompted young, aspiring filmmakers to create original...
Each standalone instance of the platform provides a 'safe place' for youth to expre...
Users contribute to the gallery by submitting material from their mobile devices, so...

Since launching late 2015, the platform has enabled Adobe and its partners to pro...
participants worldwide, sharing points-of-view from this age group like never befo...
project views with over 200,000 comments and many more contributions on the w...

#withM

戏剧与电影艺术大学

de_form 获得了为布达佩斯戏剧与电影艺术大学设计新的视觉识别系统的资格，这个拥有 150 年历史的大学在 2016 年开启了一个新的篇章。学校管理层决定用一个全新的品牌推广方式展现戏剧与电影艺术大学的风采。他们希望新标识能够在体现原有价值重要性的同时，展现出一种现代的、进步的视觉感。

品牌标识本身就是复杂的视觉系统的一部分，设计师想要创造一个富有特点的、强大的并且很容易被记住的标识，其形态本身允许人们在电影和戏剧领域内的各个地方使用（舞台、礼堂、屏幕、楼梯、框架、层面板、舞台两侧等）。标识中基本长方形的比例为 16 ：9，颜色为黑色和白色，并结合使用一些学生和校友的现实作品图片。这个颇具特点的标识的基本元素是纯色的表面背景和简单的字体排版。照片的应用和俏皮的平面设计体现了品牌标识的视觉统一性。

设计师希望借助动态标识系统反映这样的事实：大学是学生成长的催化剂。每个学生都有自己的路要走、都要学习和完善自我。除此之外，

委托方
SZFE

设计公司
de_form

完成时间
2016

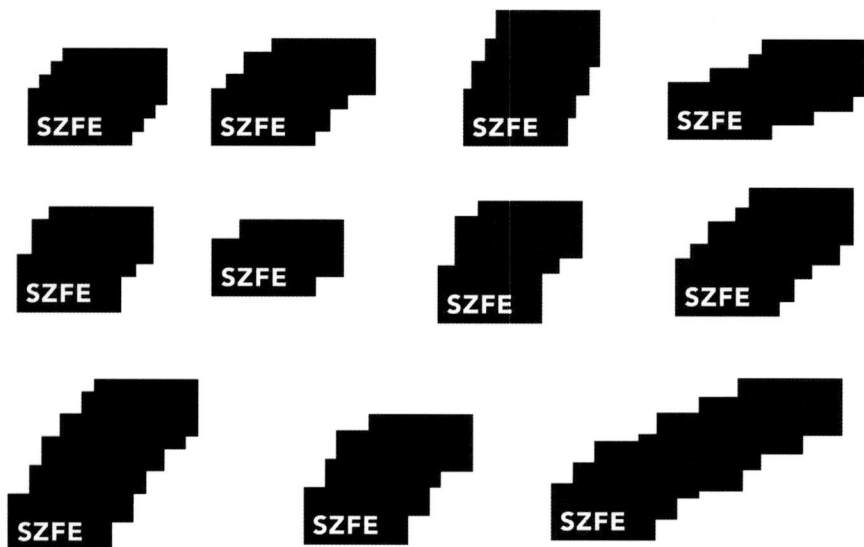

这一系统还反映了电影和喜剧制作背后存在的联系、协同、合作和团队精神。观众只能看到制作后的成品，根本看不到电影或戏剧作品的多层面制作过程。为这所大学打造一个符合当今视觉趋势的品牌非常重要，使其不仅可以作为官方标识，亦可作为一个真正的品牌，成为大学日常生活的一部分。

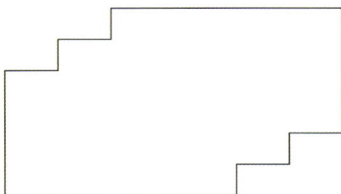

rgb / 255, 255, 255
cmyk / 0,0,0,0
hex / #ffffff

rgb / 0,0,0
cmyk / 0,0,0,100
hex / #000000

repetitive pattern
with photos or video
screens

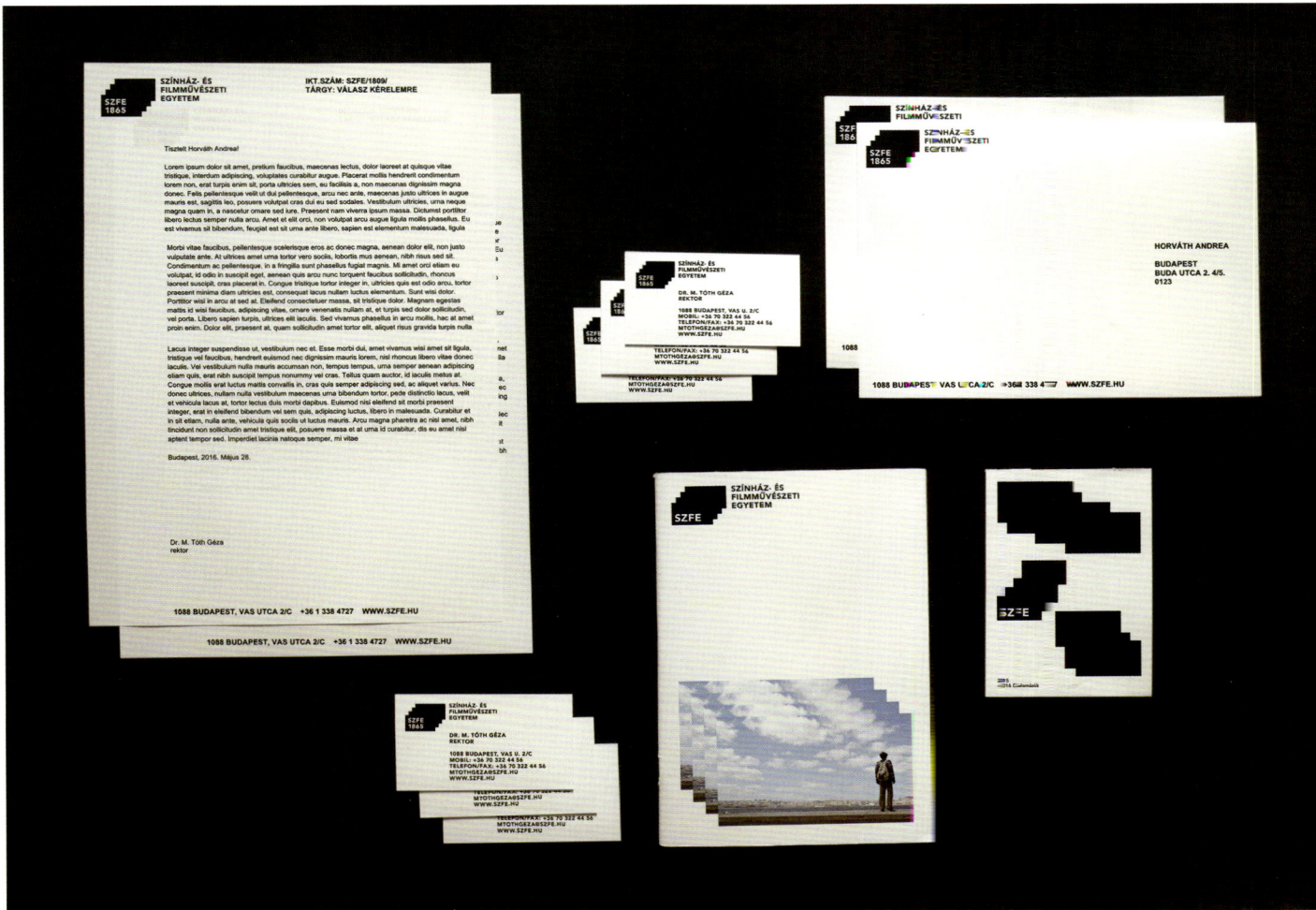

SZFE FARSANG

2016 FEBRUÁR 16. 21:00

1088 BUDAPEST VAS U. 2/C

SZÍNHÁZ- ÉS FILMMŰVÉSZETI EGYETEM
SZFE

FILMDRAMATURG OSZTÁLY 2011–2016

DIPLOMAFILM PITCHING

GASZTONYI KÁLMÁN

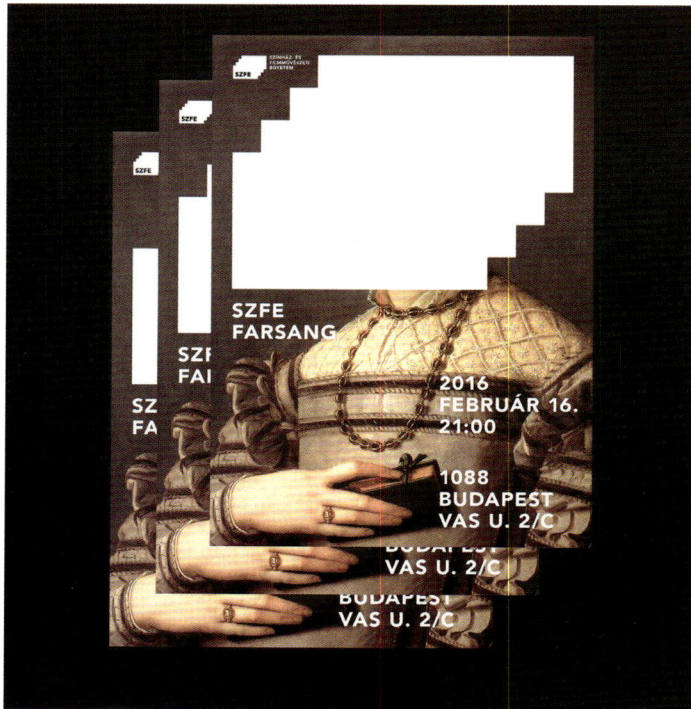

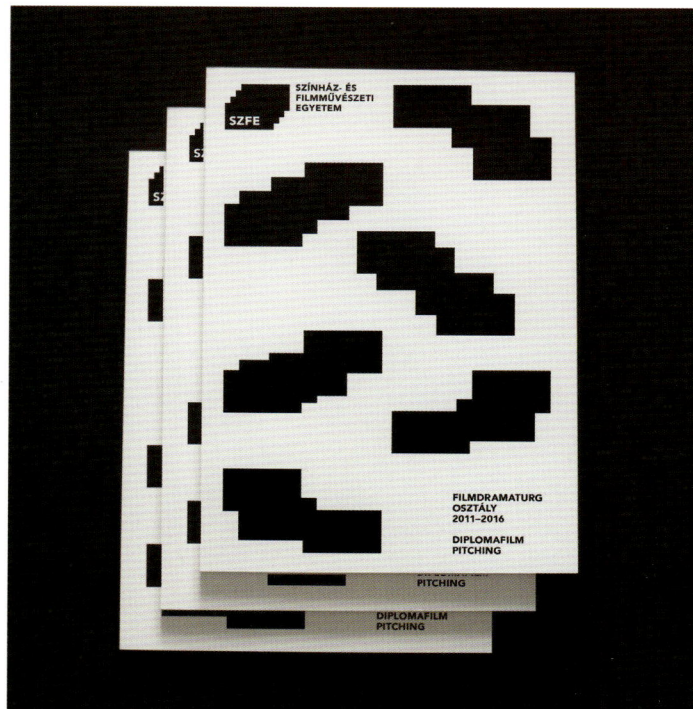

CÍM:
DOKK (MUNKACÍM)
MŰFAJ:
KRIMI, DRÁMA
TERVEZETT HOSSZ:
110 PERC

EGY BECSÜLETES EX-RENDŐR ÚJRA NYOMOZNI KEZD, HOGY ELTŰNT FIÁT MEGKERESSE, DE CSAK A HOLTTESTÉT TALÁLJA. A GYILKOS UTÁNI HAJSZÁBAN DÖBBEN RÁ, HOGY FIA HALÁLÁT ÉLETE EGYETLEN KORRUPCIÓS ÜGYE OKOZTA.

SZINOPSZIS

KÁROLY számára az a kikapcsolódás, ha felnőtt gyermekeivel horgászhat a tóparti nyaralóban. A nyugdíjas kaposvári nyomozót most is félik kollégái, rendíthetetlen becsületessége miatt. Egyetlen ambíciója maradt: visszaszerezni volt feleségét, ANNÁT.

Fia, KRISZTIÁN forrófejű, fiatal rendőrtiszt, aki gyakran nyúl törvénytelen eszközökhöz. Nem beszéltek egymással mióta Károly megtiltotta, hogy saját szakállára bizonyítékot gyűjtsön egy SZENDREY ZSOLT nevű, alvilági figura ellen. Anna kérésére azonban Budapestre utazik, mert fiuk régóta nem jelentkezett.

Károly idegen a nagyvárosban, segítséget kér ismerősétől, FENYVES ZOLTÁN rendőrkapitánytól. Pár napra rá megtalálják Krisztián holttestét a Dunában. A nyomok Szendreyhez vezetnek.

Anna a városba utazik, úgy tűnik a tragédia összekovácsolja őket. Károly dűnében a kezébe veszi a nyomozást és kiderül, hogy barátja, Zoltán ölette meg Krisztiant, hogy ne derülhessen ki a kapcsolata Szendreyvel.

Károly a fiúkal elégtétel helyett az igazságszolgáltatásra bízza Zoltánt, ám közben furcsa dokumentumokat talál. Kiderül, Krisztián az apja után kutatott, mert rájött, hogy Károly húsz évvel ezelőtt egy bizonyíték megsemmisítéséért cserébe kapta a tóparti nyaralót. Fia arra is rájött, hogy ennek hatására nem emeltek vádat az akkor még pilüárem striciként működő Szendrey ellen. Károly nem tudott erről, összeomlik. Most érti meg, hogy élete egyetlen korrupciós ügyével nem csak egy brutális maffiafőnök felemelkedését segítette, hanem közvetve saját fia halálát is okozta.

ÍRÓI KONCEPCIÓ

Célom az, hogy a skandináv krimik stílusában egy apa-fiú kapcsolat tragédiáján keresztül mutassak rá a rendőrség és az alvilág összefonódására. Aranykéz utcai robbantás, Fenyő-gyilkosság, Vizoviczki-ügy.

SZAKMAI ÉLETRAJZ

Gasztonyi Kálmán 1985-ben született Budapesten. 2013-ban mesterfokú diplomát szerzett politológiából az Eötvös Loránd Tudományegyetem Állam- és Jogtudományi Karán. Középfokú nyelvvizsgával rendelkezik angolból és németből. A Váltócsírák című sorozat egyik írója. A Kovács István rendezésében készült Csúszópénz című rövidfilm megnyerte a Friss

a valódi felelősök szabadlábon. Mi, Károlyok joggal gondolhatjuk, hogy egyszer az életben kijátszható az igazságszolgáltatás. De csak az igazságszolgáltatás.

Hús Fesztivál közönségdíját, Betonzaj című közös munkájuk szerepelt a Torontói Filmfesztivál versenyprogramjában és megnyerte a Magyar Filmdíjat rövidfilm kategóriában. Számos egyetemi vizsgafilm dramaturgja és írója, ennek elismeréseként 2015-ben Gundel Művészeti Díjjal jutalmazták.

Royal Flora Holland 合作社

Royal Flora Holland 是一个花卉植物种植者的合作社。自 1911 年创建以来，该合作社已经发展成为一个全球的花卉交易市场，有约 4500 位成员，其中近 750 位成员分布在海外，年营业额为 45 亿欧元。作为合作社的组成部分，Greenport 贡献了荷兰 20% 的贸易顺差，而且是世界上最快物流链的推进者。

设计团队希望在这个品牌升级的项目中体现一个演化的过程，因此他们保留了品牌的本质，打造了一个视觉上全新的、充满活力的品牌标识，并借助其重振整个合作团体。新标识设计以美妙结合的理念为基础：理性的物流和市场与对于花卉、植物和漂亮色彩的热情相结合。每天有超过 10 万笔针对约 40 万种不同花卉和植物的交易，这是创造一个多彩且结构清晰的标识的理想基础。设计团队利用各种颜色让人们感受这迷人的世界。

委托方
Royal Flora Holland

设计公司
Koeweiden Postma,
Total Identity, Total
Active Media

合作者
Bob Van der Lee（战略指导），Eddy Wegman（创意指导），Sieds de Boer（内容策划），Marco de Haan（业务指导），Anke Valkhof（业务管理），Dimitri van Loenen（高级设计师），Thomas Pleeging（UX/UI 设计师），Sümeyra Günaydin（设计师）

完成时间
2016

Galano Grotesque

Heading in Galano Grotesque Bold

Subheading in Galano Grotesque Light

Bodytext in Galano Regular Grotesque Bodytext in Galano Regular Grotesque Bodytext in Galano Regular Grotesque Bodytext in Galano Regular Grotesque Bodytext in Galano Regular Grotesque

Poppins

Heading in Poppins Bold

Subheading in Poppins Light

Bodytext in Poppins Normal Bodytext in Poppins Normal Bodytext in Poppins Normal Bodytext in Poppins Normal Bodytext in Poppins Normal Bodytext in Poppins Normal Bodytext in Poppins Normal

Arial

Heading in Arial Bold

Subheading in Arial Regular

Bodytext in Arial Regular Bodytext in Arial Regular Bodytext in Arial Regular Bodytext in Arial Regular Bodytext in Arial Regular Bodytext in Arial Regular Bodytext in Arial Regular Bodytext in Arial Regular

Rosendahl 家居用品

ROSENDAHL
COPENHAGEN
> ROSENDAHL
COPENHAGEN

Grand Cru—Rosendahl 的家居用品系列在市场上获得"设计图标"的地位已有 20 年的时间。然而，该品牌现有的视觉形象已逐渐变得过时、暗淡、不受欢迎了，并被视作跟不上时代步伐的陈旧品牌。

该项目设计师舍弃了原先黯淡的格调，将重点放在 Rosendahl 的最初设想上：产品是"美好日常生活的一个组成部分"。鉴于大约 80% 的购买意向都源自送礼物，因此，品牌升级需要一个简单、引人注目的系统，以使包装设计看起来更加轻便、更具包容性。具有现代、整洁风格的标识、符号、图像和配色方案与 Rosendahl 的斯堪的纳维亚设计传统十分相配。该设计利用能够强调品牌品质的"印章"符号和突出品牌标识的深蓝色"礼物"丝带，同时在视觉上又符合大

型生产线的产品特征。在日常生活的环境中展示产品的图片可以强化品牌明亮和热情的特点。升级后的品牌标识于 2013 年 9 月推出，通过传递品牌的本质信息与新生代建立联系，使该品牌在其产品领域重新绽放光彩。

委托方
Rosendahl

设计公司
Make®

完成时间
2013

旧品牌形象

ROSENDAHL
COPENHAGEN

ROSENDAHL
COPENHAGEN

Rosendahl Blue

Used for the R mark, top of the packaging and the blue ribbon
Pantone: 289C

White

Used for sides on packaging
CMYK: 00 00 00 00

85% Black

Used for national text and icons
CMYK: 00 00 00 85

50% Black

Used for international text
CMYK: 00 00 00 50

GRAND CRU
AMBOO COLLECTION

nd Cru collection has been designed to emphasise
. But although the range does not overshadow the
is difficult not to notice its distinctive grooves that
characterise all the pieces in the range.

Grand Cru
Bambus kollektion

JAR WITH LID
249,-

Drtici Hodonin 冰球俱乐部

这家二级专业冰球俱乐部位于捷克共和国霍多宁南摩拉维亚镇。其别名 Drtici 可被解释为"碎石机",这个名字源于俱乐部先前的名字"Banik"(开矿机),因为采矿业是当地一个非常重要的产业。

20 世纪 80 年代初,著名且强大的相互交叉的铁锤符号被用作俱乐部成立初期的首个品牌标识,在这次的品牌升级中,这一符号又被重新启用,并很好地融入到了新品牌中。新品牌中还使用了葡萄藤符号,这一符号代表了南摩拉维亚地区及当地著名的葡萄种植产业。新标识取代了这家冰球俱乐部使用了十五年的那个过于精细的加冕天使的饰章设计。

新品牌保留了其特有的橙、蓝两色的配色方案,并添加了银色的阴影,以此创作一个现代的、简单的立体标识设计风格。这种强烈的图形样式与干净的粗线条,使新标识可以轻松地以各种尺寸应用在不同的媒体和设计平台上,并且不会丢失重要细节,即便是在远处,这些设计的可见性和可读性也非常好。所有补充标识也因其具有的一致性可被分开使用,从而使品牌具有多样性,并产生巨大的市场潜力。

委托方
Drtici Hodonin

设计师
Slavo Kiss

完成时间
2016

Escarabajos, Bichos & Mariposas 博客

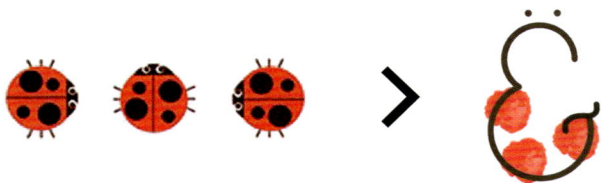

创建于西班牙的 Escarabajos, Bichos & Mariposas 是一个关于装饰、儿童和灵感的博客，并被评为国家最佳博客品牌。这个博客拥有成千上万的用户，所以他们决定更新品牌形象，使其适应新的时代。他们想要营造一种更为简约的标志性氛围。

原有的色彩和排版风格虽得以保留，但却需要对品牌进行彻底地重新设计。设计的主要目标在于使人们第一眼就能辨识出新标识。在对标识进行重新设计时，设计团队创造了一个全新的瓢虫形象，取代了品牌名中的"&"符号。他们将先前标识中的三个瓢虫形象融合在一起，并为新的瓢虫形象添加了三个斑点。另外，他们还为这只瓢虫加上了两只眼睛，以便赋予其更多的个性特征。

旧品牌形象

这种设计策略的目的在于以一种标志性的方式创造一个更有活力的、更加欢乐的瓢虫形象，同时又不失先前瓢虫形象的本质。这种策略应当在品牌形象升级设计中加以推崇。

委托方
Escarabajos, Bichos & Mariposas

设计公司
mdebenito

完成时间
2016

ESCARABAJOS, BICHOS & MARIPOSAS

WILMINIA
ABCDEFGHIJKLMNÑ
OPQRSTUVWXYZ
abcdefghijklmnñ
opqrstuvwxyz
0123456789

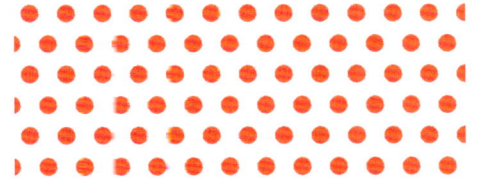

C: 62%
M: 52%
Y: 50%
K: 47%

C: 0%
M: 73%
Y: 50%
K: 0%

escarabajos bichos & mariposas

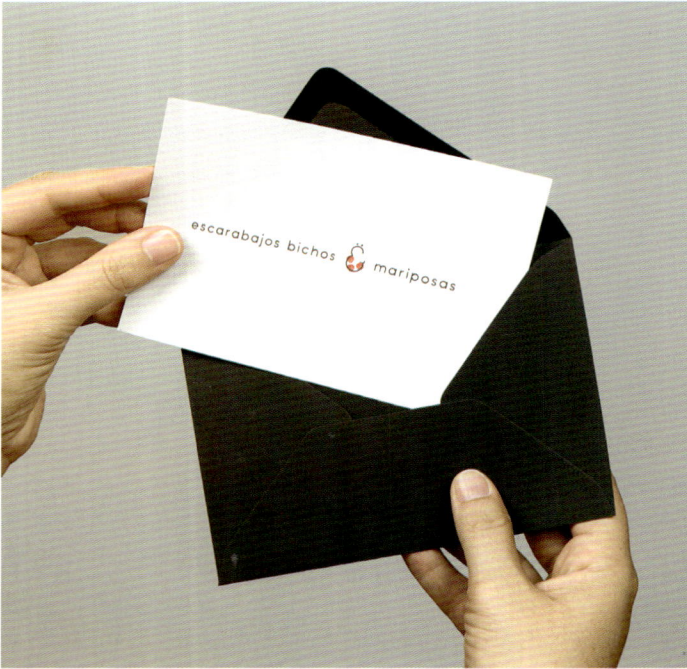

Oliver Hume 房地产公司

Oliver Hume 是一家拥有 60 年历史的房地产业务公司。房地产行业竞争激烈，众多全球化大公司都参与其中，而 Oliver Hume 恰是一个雄心勃勃的挑战者。截止到 2013 年，他们在土地、房地产开发和市场营销几个方面均有突出的表现。想要获得关注并在激烈的竞争中扩展自己的业务绝非易事，但他们做到了。

这家公司意识到，他们的品牌形象与其在市场中的角色并不匹配，其独特的品牌文化也并没有得以展现。最重要的是，他们雄心勃勃、坚定果断的个性没有在设计中突显出来。因此，Principals 以一个简单的 "OH" 标识和图形为基础打造了一个全新的品牌标识，及统一 Oliver Hume 业务范围的整套设计。该品牌设计以简单的黑白主色调和抽象的摄影反映出该公司永不满足的成功者心态。高品质的风格和图案表现出了 Oliver Hume 令人耳目一新的风格，同时使其在竞争中脱颖而出。Oliver Hume 是一个在房地产开发环境中提出创新解决方案的最佳品牌，也是一个为众多雄心勃勃的房地产商人服务的地方。

旧品牌形象

他们的雄心抱负和驾驭能力是不容置疑的。他们希望成为人们眼中的新一代房地产服务和基金管理业务公司——一个以市场敏锐性和优质服务为基础，继续向现有房地产大公司发起挑战的公司。设计团队将新的 Oliver Hume 品牌战略建立在 "永不满足的成功者" 这一品牌理念上，这一理念代表了他们的态度、驾驭能力、文化和公司的优秀员工，以及他们的挑战者心态。

委托方
Oliver Hume

设计公司
Principals

完成时间
2014

OLIVER ‖UME

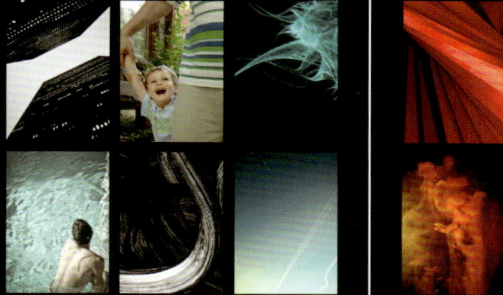

Aa1

Foundry Monoline Bold
Foundry Monoline Regular
Foundry Monoline Light

Verdana Bold & Regular
for screen applications

PMS 319

PMS 485

PMS 10126

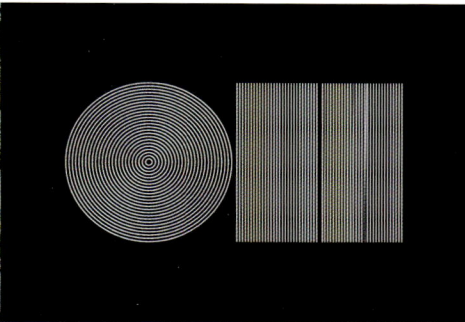

THE REVOLUTION CONTINUES.

SET THE BAR HIGHER.

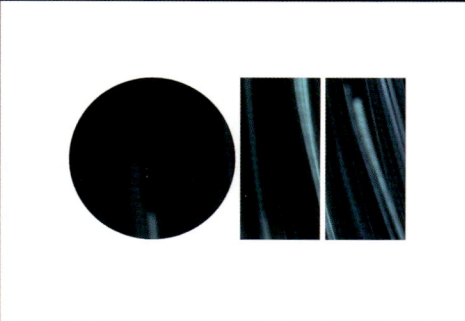

OLIVER ‖UME

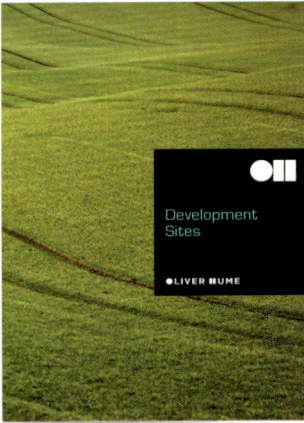

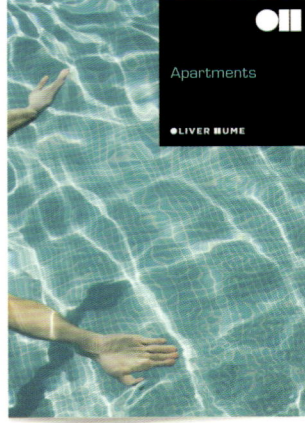

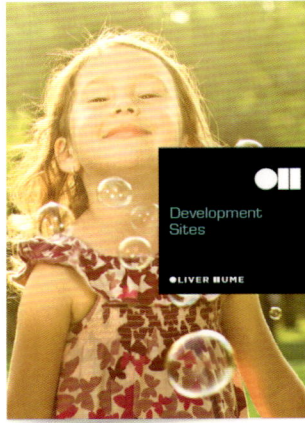

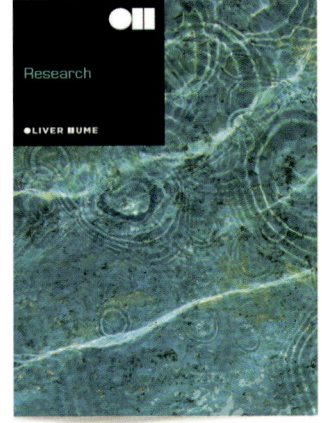

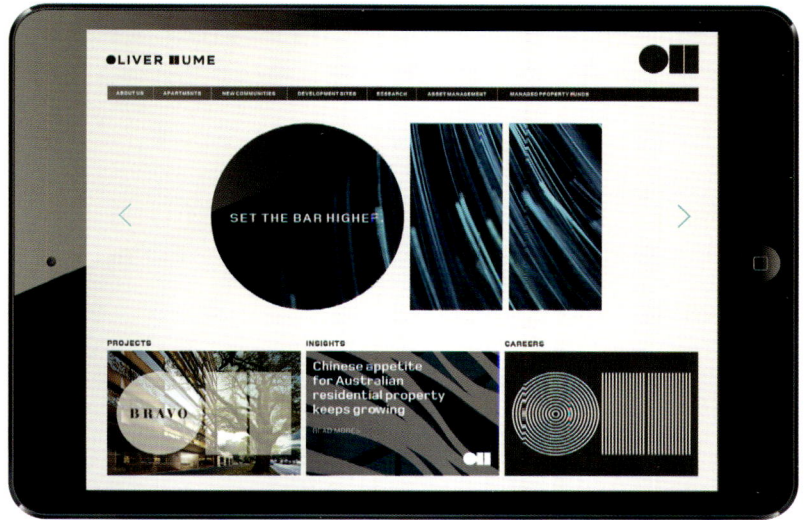

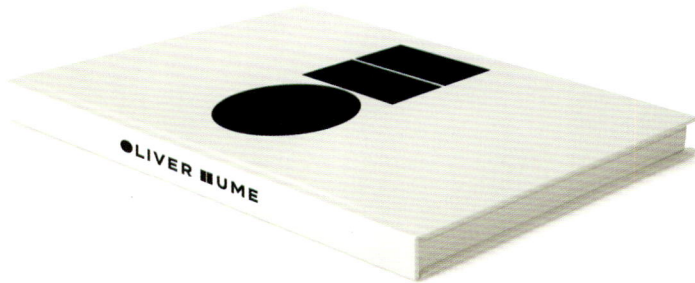

Coursiers.com 快递公司

Coursiers.com 是法国快递服务的领先品牌，20 年来其业务范围主要集中在巴黎地区。法国的快递服务在形象方面存在严重缺陷。在这个非物质化和绿色化运营的时代里，快递服务的魅力已不复存在。法国知名的运输公司过去一直在使用拙劣的图形代码展现其速度、经验或创新优势。大多数运输公司都没有运用战略思维进行连贯的品牌设计，因此，虽然他们的服务效能很高，但是他们的形象有时候却反映出他们缺乏专业性。

可以说，快递服务行业并未真正注重良好的设计或品牌。这一行业正逐渐淹没于众多品牌之中，因而有必要打造一个足够强大的标志。快递服务行业的目标客户对视觉效果有很高的要求，因此需要考虑到他们强烈而合理的期许。

对 Coursiers.com 快递公司来说，相对于专业领域中的竞争实践而言，设计无疑是一次发展的

机遇。快递服务差强人意的形象确实有待提升。有了一致的品牌战略后，便可围绕几条主线进行品牌塑造，从而解决问题：回归快递服务的根本所在；服务过程和人力资源的透明度；一次面向客户的纯粹而直接的宣传。

通过保持与客户之间的亲近感、轻松自信的开放性和高品质的品牌形象，新的品牌塑造定能获得成功，同时还能提升品牌的感召力和信任度。这也是向所有客户表明他们是可以与运输公司保持良好、友善关系的机会。

委托方
Coursiers.com

设计公司
Brand Brothers

完成时间
2014

Coursiers.com 公司的创始人委托 Brand Brothers 以其独特的核心价值为重点，采用与时代更为协调的基调，对其品牌定位、视觉识别系统和各个平台上的视觉语言进行重新设计。人性化、开放、魅力和奉献是引导品牌标识更新的价值标准。面对普遍存在的多样化竞争，通过为特定环境创作的字体、简单而有力的图形符号，以及风趣幽默的标语对话，使得这家快递服务公司从众多竞争者中脱颖而出。

Brand Brothers 设计公司围绕两个理念来定义他们的品牌形象。首先，采用简单的图标形象，并符合当下的流行趋势。然后，为标语口号创造统一的专属字体，字体的形状规整，圆形字母和直线交替展现。设计公司遵循已经设定的战略思维，构想出一种紧凑、有力且富有意义的符号"C"，看起来好似一条跑道，代表了当今运输公司每天需要面对的城市挑战。曲线向中间并拢，形成一个信封的形状。这种单色的、高识别度的图标可被无限展开。橙黄色是这家快递服务公司多年来一直使用的颜色，也是本次品牌升级中选用的主要颜色。有了纯粹的、直接的图形代码和轻松自信的设计方法，该品牌形象很好地反映出了公司领导者和员工希望向顾客展现的专业意识、管控能力和感召力。

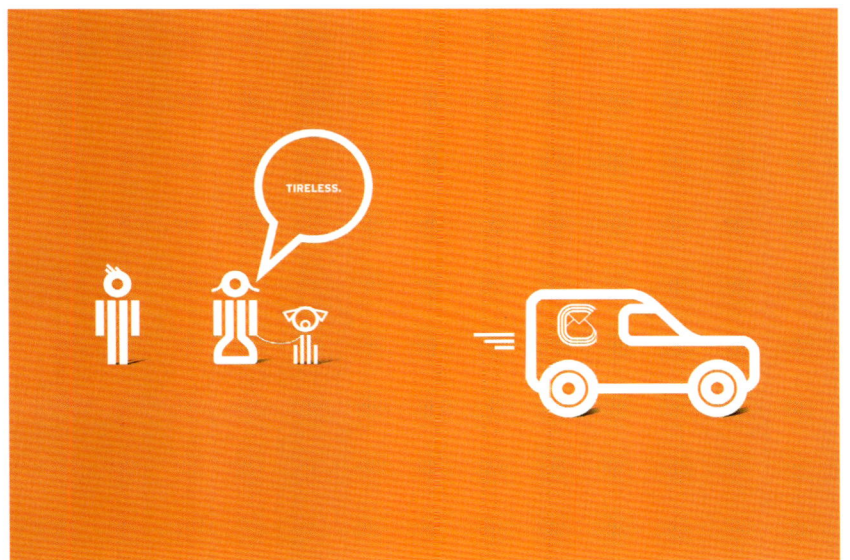

塑造品牌的同时，设计师还综合考虑了品牌价值。他们在融合品牌基本价值（友善、体验和服务意识）的基础上，强调了之前提到的四条原则：人性化、开放、魅力和奉献。这四条原则是品牌定位的核心本质，他们的作用在于引导 Coursiers.com 快递服务公司的传播策略、市场营销和销售策略，为每次传播行为提供一个可以参考的真实的中心思路。

AUJOURD'HUI
J'AI SAUVÉ
VOTRE DÉFILÉ
DE MODE

Coursiers.com

Coursiers.com

coursiers.com

TODAY
I FOUND
A COURIER
WHO MANAGES
TO FOLLOW ME

Coursiers.com

Karat 软奶酪

 > **KAPAT**

俄罗斯人对莫斯科的 Karat 软奶酪工厂的产品都颇为熟悉。这家工厂决定在其长达 81 年的历史中展开第一次大范围的品牌升级活动，并重新设计自己的产品。在 20 世纪初期盛行的苏联至上主义的启发下，极为复杂的体系变成了简单的图标符号。Karat 的新版品牌标识抛弃了苏联风格的软奶酪设计，包括地球的图案和"友谊"一词，仅仅保留了可辨别各类奶酪的颜色代码。

整体设计非常简洁，给当今的消费者耳目一新的感觉。Karat 旗舰产品系列的全新设计是对旧时传统的一种现代诠释。新的品牌形象简单、醒目，用一种截然不同的方式取代了牧场和畜棚的

旧品牌形象

图案。Karat 软奶酪运用清晰的线条和色块，通过现代的、干净的方式将复古感融入其中。

委托方
Karat

设计公司
Depot WPF

完成时间
2015

1934

KAPAT

КАРАТ

1934
КАРАТ
Создавая любимое!

R254 G203 B0 C0 M14 Y100 K0 Pantone 116C	R40 G0 B145 C97 M98 Y0 K4 Pantone 2735C (2738 U)
R40 G0 B145 C97 M98 Y0 K4 Pantone 2735C	R224 G0 B52 C0 M94 Y78 K0 Pantone 185C

R0 G185 B228
C76 M0 Y5 K0
Pantone 306C

Tahoma Regular

абвгдеёжзийклмнопрстуфхцчшщъыьэюя
АБВГДЕЁЖЗИЙКЛМНОПРСТУФХЦЧШЩЪЫЬЭЮЯ
abcdefghijklmnopqrstuvwxyzABCDEFGHIJKLMNOPQRSTUVWXYZ
1234567890 !»§$%&/=? @€©®™

Tahoma Bold

абвгдеёжзийклмнопрстуфхцчшщъыьэюя
АБВГДЕЁЖЗИЙКЛМНОПРСТУФХЦЧШЩЪЫЬЭЮЯ
abcdefghijklmnopqrstuvwxyzABCDEFGHIJKLMNOPQRSTUVWXYZ
1234567890 !»§$%&/=? @€©®™

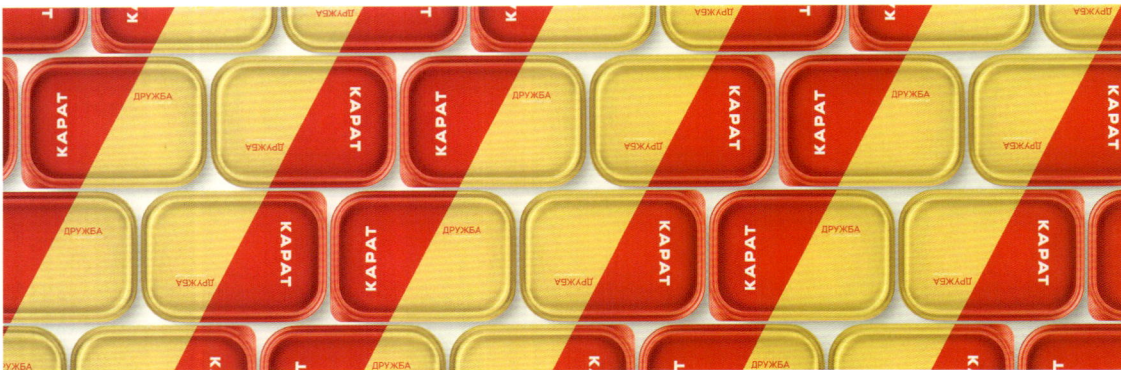

КАРАТ

УНИКАЛЬНЫЕ РЕШЕНИЯ
с 1934 года

Co-op 奶油公司

这家 Co-op 咖啡馆是由 Seward Community Co-op 创立的，旨在为明尼阿波利斯市的 Seward 社区源源不断地提供美味的食物，并体现其包容性的社会价值。与他们的杂货店一样，这家咖啡馆专注于使用当地小规模农场生长和生产的高品质的原料和资源。这里曾是一个乳品生产工厂，始建于 1920 年，最初是富兰克林合作社牛奶协会的驻地。Replace 设计公司受委托为 Co-op 奶油公司设计一个新标识（已获奖）和品牌体系，并帮助设计餐厅的外部和内部空间。

塑造一个独特的品牌的主要着眼点在于字体、插画、图案和内部设计。8 年前，一家蒸蒸日上的名为 Franklin Coop Creamery 的奶油合作社也在这栋建筑内。为了推出新的品牌，Replace 设计公司对这家合作社使用的字体和设计史进行了研究。20 世纪 30 年代的设计中包含了很多值得借鉴的字体，其价值是无法衡量的。

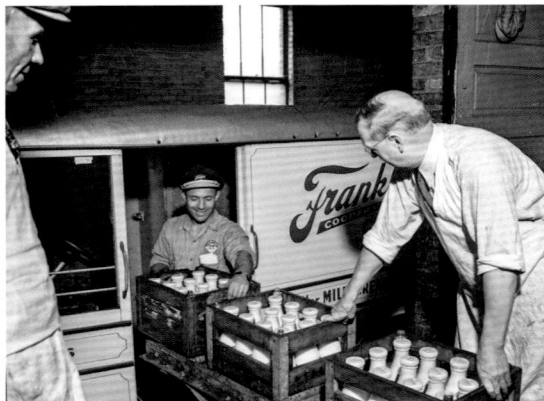

Franklin Coop Creamery 奶油公司的审美趣味和使命深深地影响了该项目的插画、图案和内部设计。Replace 公司希望他们的设计能够从 Co-op 奶油公司的历史出发，并在品牌延伸中保留下来。设计包括 Co-op 公司餐厅空间的模拟外部建筑设计、标识、纹理、图案、壁画、菜

旧品牌形象

委托方
Seward Community
Co-op

设计公司
Replace

完成时间
2015

PROXIMA NOVA

PROXIMA NOVA (Regular)

ABCDEFGHIJKLMN
OPQRSTUVWXYZ
abcdefghijklmnopqr
stuvwxyz 123456789

PROXIMA NOVA (Light)

ABCDEFGHIJKLMN
OPQRSTUVWXYZ
abcdefghijklmnopqr
stuvwxyz 123456789

PROXIMA NOVA (Bold)

ABCDEFGHIJKL
MNOPQRSTUV
WXYZabcdefghij
klmnopqrstuvwx
yz1234567890

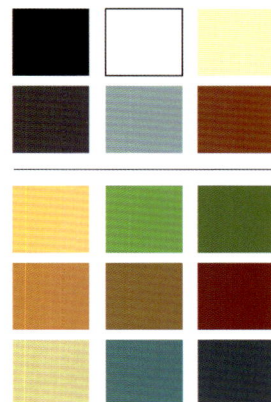

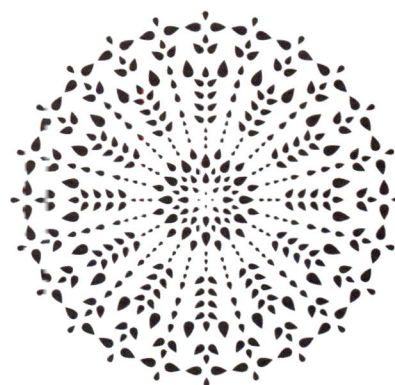

PROXIMA NOVA (Semibold)

ABCDEFGHIJKL
MNOPQRSTUV
WXYZabcdefghij
klmnopqrstuvwx
yz1234567890

CASLON 540

CASLON 540 (Regular)

ABCDEFGHIJKL
MNOPQRSTUV
WXYZabcdefghij
klmnopqrstuvwx
yz1234567890&

CASLON 540 (Italic)

ABCDEFGHIJKL
MNOPQRSTUV
WXYZabcdefghij
klmnopqrstuvwx
yz1234567890

单和配色。最终的设计结果既体现了对 Co-op 奶油公司历史的尊重，又营造了设计师想要的城市小酒馆的环境氛围。

大萧条时代奶油合作社的传统和历史需要得到捍卫和强化。今天的 Seward Community Co-op 是西半球发展最为成功、最为迅速的社区所有的商店合作体。它的成功并非偶然。这家酒吧和餐馆背后根深蒂固的合作使命已经融入到了 Seward Cooperative 的使命当中。Replace 设计公司希望这家公司的客户和员工了解 Franklin Coop Creamery 的传统，感受一下合作制在他们日常生活中发挥的积极影响。

设计、插画、内部设计和总体品牌设计是向合作经济近百年的成功史致敬，并始终放眼于未来。设计的总体效果是向过去致敬，同时珍惜合作制的未来。Co-op 奶油公司是双子城大都会地

区第一家无小费餐馆。品牌设计需要匹配公司的品牌现状，并植根于工人的正义感和积极的社会变革。

69

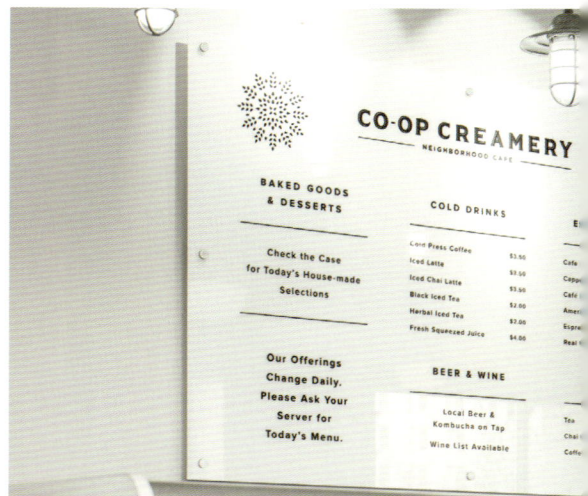

WE SUPPORT CO-OP'S LOCAL PRODUCERS & SMALL FARMERS

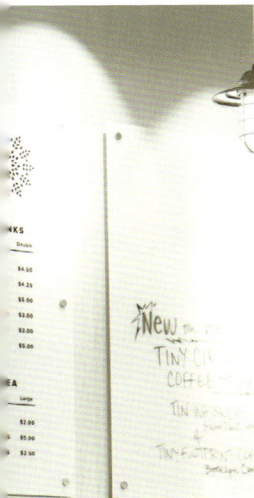

CO-OP
CREAMERY
NEIGHBORHOOD CAFE

NOW OPEN
2015

CO-OP CREAMERY NEIGHBORHOOD CAFE

BEVERAGES

WINE
	bo.	gl.
Wine 1	24	6
Wine 2	34	8
Wine 3	29	7
Wine 4	21	5
Wine 5	45	11

BEER
	drft.	bo.
Beer 1	24	6
Beer 2	34	8
Beer 3	29	7
WINE 4	21	5
WINE 5	45	11

COFFEE & TEA
Coffee (Dark or Light roast)	2
Tea (Earl Grey, Breakfast, Chamomile, Mint, Rishi, Green, Calming, etc.	

OTHER DRINKS
Juice

BREAKFAST

TO GO
Muffins	3
Scones	4
Bars, Brownies	2.50
Quick Breads	3
Coffee Cake	4.50
Quiches	5
Yogurt	2
Granola	3
Cut fruit	2

PLATED
Eggs – any style	3
Bacon or Sausage	4
Tempeh	2.50
Biscuits	3
Pancakes or Waffles	4.50

LUNCH

TO GO
Sandwiches (Turkey, Ham, Roast Beef)	8
Soups (Meat, Vegetarian or Vegan)	4
Salads (Caesar, Greek, Tossed)	6

DINNER

SMALL PLATES
Charcuterie	12
Smoked Meats	10
Cheeses	9
Terrines	4
Duck Con Fit	13
Roasted Meats	6
Crostini w/ Olive Tapenade	8
Roasted Vegetables	4
Sautéed Vegetables	4
Salads (Caesar, Greek, Tossed)	7

ENTREES
Signature Veg. or Beef Burger w/ side salad	15
Veg. or Meat Melt Sandwich w/ side salad	12
Grilled Sausages w/ side	11
Risotto, your choice of grain w/ veg, roasted meat or meat replacement	14
Roasted Meat w/ Veg. (lamb, pork, poultry, beef)	21
Your Choice Grilled Meat (fish, steak, pork, poultry, beef)	mkt

DESSERT

罗马尼亚奥林匹克体育委员会

> COMITETUL OLIMPIC ȘI SPORTIV ROMÂN   ROMANIAN OLYMPIC AND SPORTS COMMITTEE

罗马尼亚奥林匹克体育委员会是罗马尼亚的一个非营利性组织，其主要职责和任务是支持罗马尼亚的体育运动和奥林匹克精神，并组织罗马尼亚奥委会代表团参加奥林匹克运动会。2015 年，罗马尼亚奥委会的新管理者们委托 Brandient 设计公司为其设计新的形象标识，用于 2016 年的里约奥运会。

品牌升级的过程需要考虑品牌复杂的划分类型。一方面，罗马尼亚奥委会是一个社会公共机构，一个需要忠于奥林匹克宪章和国际奥委会的国家奥委会。另一方面，它代表了一种意识形态，是塑造国家品牌的重要支柱，在国际体坛和普通观众面前代表着罗马尼亚。因此，这个品牌升级的战略决策是要找到一个双向性形象方案。

旧品牌形象

首先，罗马尼亚奥委会的新标识要符合国际奥委会设计规则。新标识的现代化演绎既像带有罗马尼亚民族色彩的旗帜，又像运动会上给金、银、铜奖牌获得者颁奖的领奖台——所有设计

委托方
Romanian Olympic and Sports Committee

设计公司
Brandient

完成时间
2015

COMITETUL OLIMPIC ȘI SPORTIV ROMÂN

ROMANIAN OLYMPIC AND SPORTS COMMITTEE

ROMÂNIA

Pantone 2728 C
c100 m70 y0 k0
r7 g82 b154

Pantone 116 C
c0 m10 y95 k0
r252 g209 b22

Pantone 485 C
c0 m90 y90 k0
r197 g56 b44

Pantone 280 C
c100 m70 y0 k10
r0 g43 b127

Pantone 116 C
c0 m10 y95 k0
r252 g209 b22

Pantone 186 C
c0 m90 y80 k5
r206 g17 b38

Pantone 3005 C
c100 m37 y0 k0
r0 g129 b200

Pantone 137 C
c0 m34 y91 k0
r252 g177 b49

Pantone 426 C
c0 m0 y0 k100
r0 g0 b0

Pantone 355 C
c100 m0 y100 k0
r0 g166 b81

Pantone 192 C
c0 m94 y65 k0
r238 g51 b78

One nation. One spirit. One team.
Team Romania

元素均位于一个类似于体育竞技场的框架之内。新标识被应用到官方文件和文具、运动装备、徽章及其他视觉传播材料上。其次，该项目引入了一个全新的、更有朝气的形象理念——罗马尼亚国家代表队，以此表现民族审美、喜悦、骄傲、友谊和胜利之感。新标识由字母 R 和 O 交织而成，其中字母 O 的三个颜色是仿照罗马尼亚传统的针法图案拼接而成的，其呈现方式类似罗马尼亚民间舞蹈——霍拉舞的队形。这一形象标识完美地应用在了运动员装备上，并融入到市场推广中。

这一社会公共机构标识的升级项目在遵守国际奥委会设计规则的同时，赋予了百年品牌一个更为现代的外观。罗马尼亚国家代表队的新形象旨在为该品牌创造一种更为直接的情感投入：无论是面向那些在竞技赛场上展现自我的人——奥林匹克运动员；还是那些支持运动员的罗马尼亚公众——无论是身处比赛现场还是在电视机前；又或者是国外的观众等。

本次品牌升级项目是为了帮助罗马尼亚奥委会建立起与不同利益共享者（运动员、教练员、体育联合会、组织和团体、赞助商、公众等）之间的强烈联系。虽然品牌升级可能存在诸多潜在的风险，但新标识因其如此贴近这些利益共享者的心灵和自尊而收到了热烈的反响。另外，本次品牌升级项目为罗马尼亚奥委会吸引了多家想要与其签署长期赞助协议的公司。

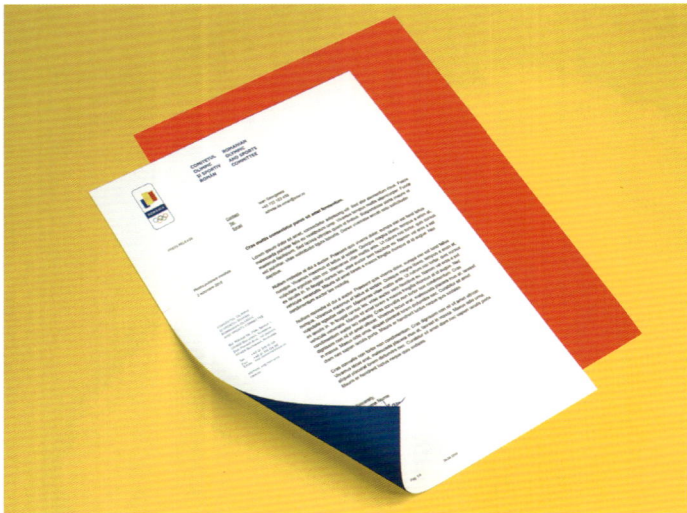

One nation. One spirit. One team.
Team Romania.

The best of us supported by the rest of us.
Team Romania.

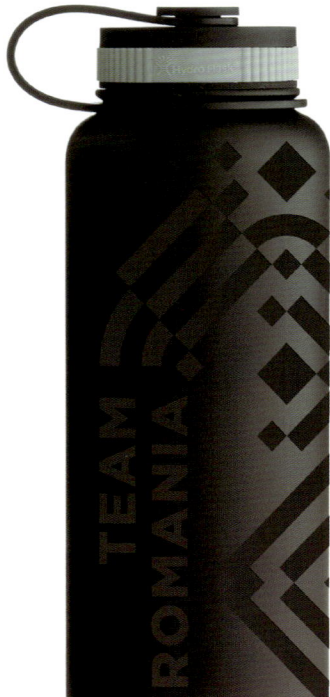

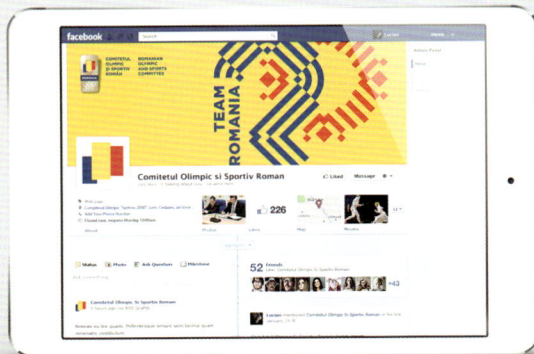

追随品牌发展

我们很早便注意到，视觉形象会在一定时间内一直伴随着企业的成长。在任何关系之中，当双方矛盾太深时，只有两种解决分案：协调发展，或彼此分开。

在一个品牌的生命周期内，这个问题会反复出现。在这段时间内，品牌升级扮演的角色至关重要，企业对此做出的任何改变都应让公众觉得这是一个必要的、有益的，且积极的举措，因为视觉形象是一种公共推广。

品牌形象的规模变化会给企业内部及其与外界的关系带来重新找到方向、建立共同基础的希望。如果在这段时间内，新的品牌形象无法得到良好的过渡和巩固，那么它可能就无法准确地传递出品牌信息，从而阻碍公众对企业的行业和行为的理解，那么它的视觉符号的作用也就随之淡化了。

这家公司生产的产品总是我需要的吗？他们的公司理念与我的理念相符吗？对周围环境会产生哪些显而易见的影响呢？

品牌的发展正经历着残酷的世界经济形势和社会机体连锁反应所带来的动荡不安。尽管如此，在这个发展过程中，如果能够在准确、恰当的时间进行品牌升级，也许就会对企业的变革产生积极的影响。合并、收购、新工作场所、新产品系列、战略调整、新的理念等都是向大众展示该品牌日趋成熟，让他们自然而然地对其产生信任感的机会。

但是，我认为，数字命令和营销技术保护不得在品牌升级过程中模糊核心思想：我们的任务是在初期帮助一群人推出新产品或服务，然后在最佳状态下将其推荐给另一群人。因此，博爱、正直、仁慈等核心要素一定要渗透到品牌设计工作的各个阶段，以赋予其最大的敏锐度。我们今天所谈论的发展已不再是一项经济指标，发展与公众期望相互依存，见多识广且持怀疑态度的公众期待获得发展所带来的超个性化产品和服务。设计师在进行品牌升级的过程中，一定要考虑到所有隐藏于发展概念中的细微之处。品牌升级一定要明确公司的新理念及各方面的价值：性能指标、人性、道德、透明度、对世界的影响等。从这个角度来看，设计师可以发挥自身作用，并为品牌升级项目引入一套评判标准，从而搭建出更好的品牌架构。

本书将通过相关案例向大家展示品牌升级是怎样顺应时代变化的。

由 Base Design 工作室为肯尼迪国际机场 4 号航站楼设计的品牌形象（图 1）完全摒弃了普通的机场品牌形象的视觉效果（除了法国设计师 Ruedi Baur 在 2003—2005 年间为科隆波恩机场设计的品牌形象），恰如其分地表现出明亮轻松、平易近人的机场氛围。新的品牌形象结合了机场跑道的特点，传递了以往陈旧老化甚至令人诟病的肯尼迪机场会更多的关注旅客体验的信息，增加了新的品牌应用系统，并展示了世界航空领域的迅速变化。Base Design 工作室通过与肯尼迪机场的密切配合，设计了这个雄心勃勃的品牌形象，使机场和其乘客直接受益，同时也给了其他机场一些设计灵感。

4 号航站楼 / 设计公司：
Base Design

1

今年年初，Brand Brothers 设计公司接到了一项挑战任务，为法国第三大手机制造商 Echo 公司进行品牌升级设计（图 2）。之前的品牌视觉形象是其内部人员针对入门级手机产品设计的，彻底改变原有形象就需要采用一种大胆而惊人的方式。对于品牌升级设计，我们着重围绕在一个能表现韵律，并能带来视觉冲击的图形设计上："écho（回声）"的字形结构简单而清晰，我们便利用这一单词的意思赋予了该品牌一个创新、丰富而又巧妙的基础，同时这个基础也是贯穿整个视觉设计的线索。Echo 公司全新的视觉形象设计完全符合该公司致力于让技术服务于更广泛的人群，并在日常生活中发挥作用的理念。

另一个值得关注的项目是加拿大的 Bruce Mau Design 工作室为电子产品制造商 Sonos 设计的品牌形象（图 3—5）。这个案例生动形象的展现了创意的力量影响着品牌的命运。多亏了升级后的品牌形象，Sonos 借助这个强劲而迅猛的推动力跻身行业领先地位。这些图形代码充分展示了坚定、蓬勃和雄伟的气势。如果说产品设计师们成功的将 Sonos 推至创新领域，那么这个品牌升级的设计就是为这种创新所进行的庞大的营销计划和企业形象推广策略的"产钳"，促使品牌走的更远。

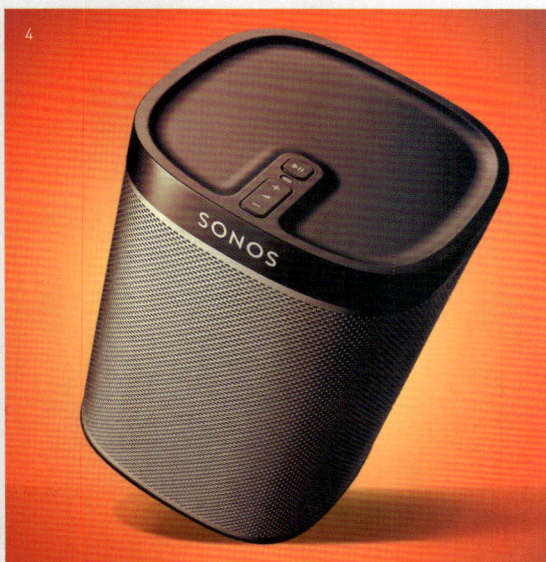

Sonos 电子设备 / 设计公司:
Bruce Mau Design

Sonos 电子设备

SONOS > SONOS

2011 年，电子设备行业的创新者 Sonos 准备推出一款全新的颠覆性的产品，他们委托 Bruce Mau Design 设计公司重塑自己的品牌形象。在确立逐步形成的文字商标和全新的外观和感觉之后，设计公司从多角度出发设计出这个新的标识，同时还设计了包装、销售点展示以及特定活动的图样、网站模块、用户界面和其他数字化应用。

2014 年，设计公司对品牌形象进行了深入开发，改变了标识、字标和视觉形象的应用。图案的创意是产生一种阳光辐射的效果，当屏幕上下滚动时，这种效果看似有规律的跳动，又好似声波。该项目旨在"将现代音乐的多样性形象化"。色彩取

自唱片封面。Sonos 工作室的表现形象、新的产品摄影、三大图形工具的引进，提供了一种创新、多变的语言，同时又不失其稳定性。Sonos 视觉

旧品牌形象

委托方
Sonos

设计公司
Bruce Mau Design

完成时间
2014

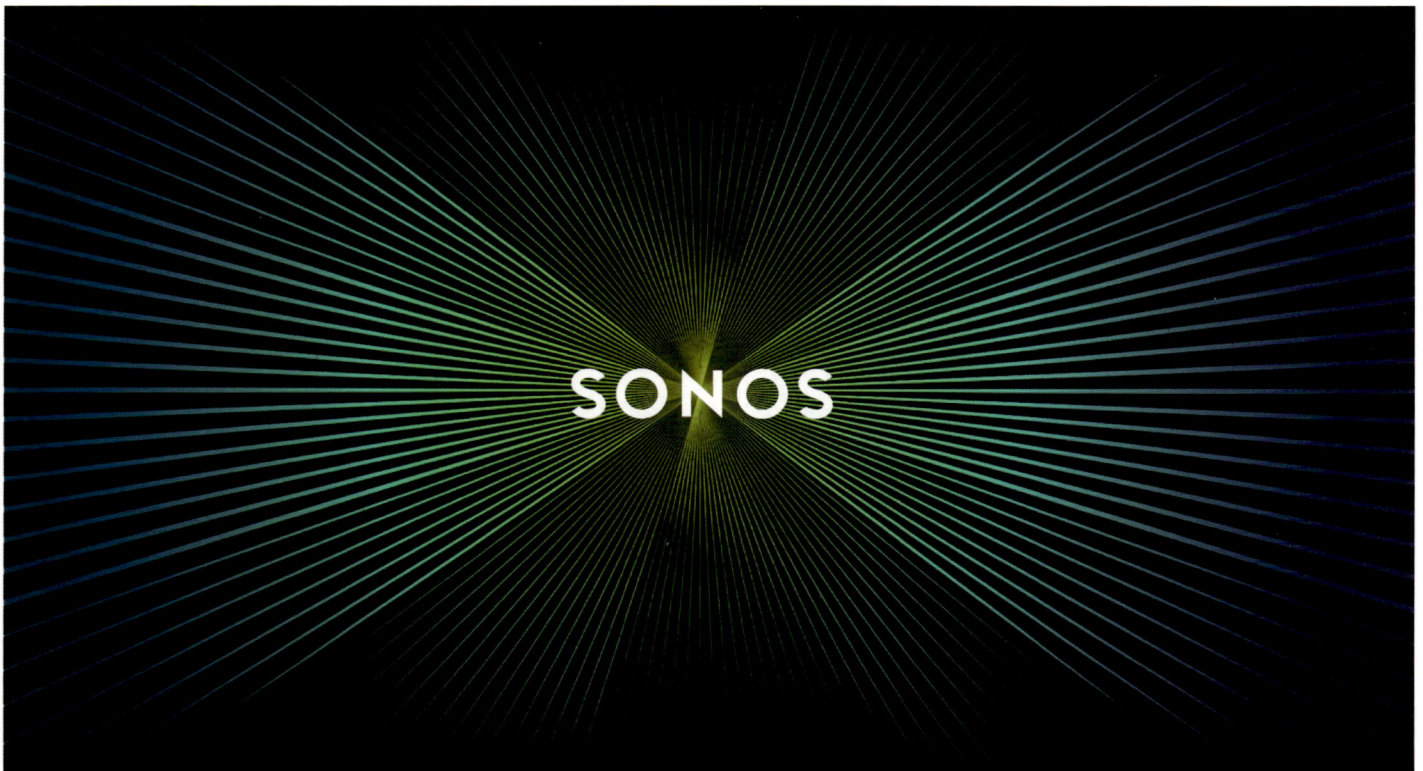

识别系统的这种新的迭代设计提升了现代音乐体验——并非是单一的或统一的表达方式，而是丰富多样的。新标识有助于对 Sonos 进行重新定位，使其从一个唱片爱好者所钟爱的技术品牌，转变成一个专注于体验且具有广泛吸引力的品牌。

Helvetica bold

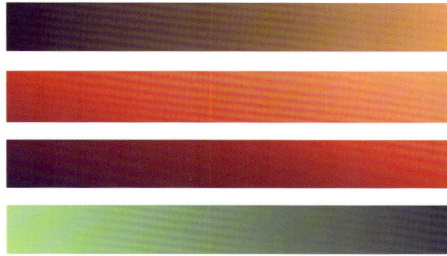

Helvetica bold

Helvetica bold

Sonos Santa Barbara
223 E.De La Guerra
Santa Barbara, CA 93101

+1 805 965 3001
+1 805 965 3010
questions@sonos.com

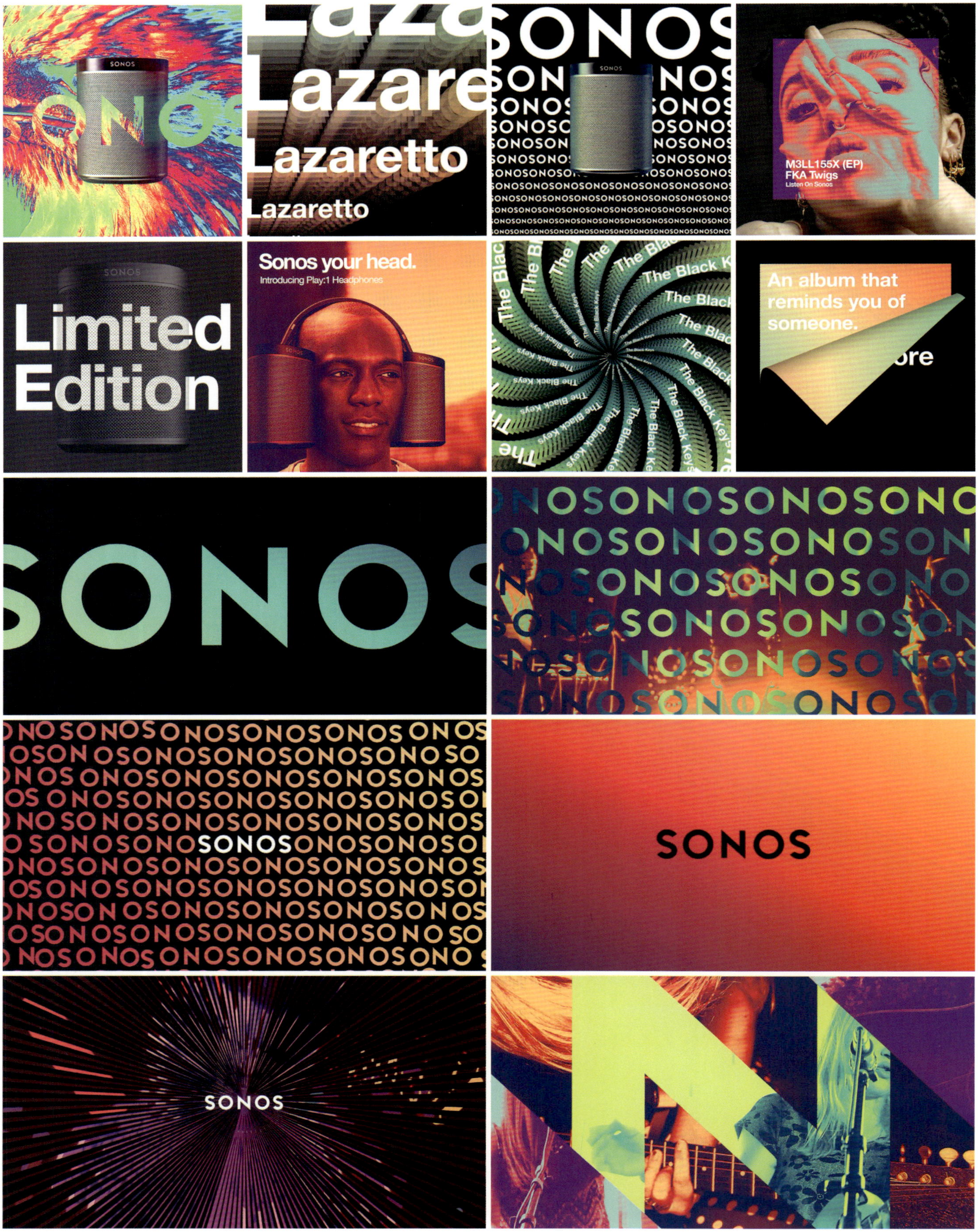
SONOS
Lazaretto
M3LL155X (EP)
FKA Twigs
Listen On Sonos
Limited Edition
Sonos your head.
Introducing Play:1 Headphones
The Black Keys
An album that reminds you of someone.
SONOS
SONOS
SONOS

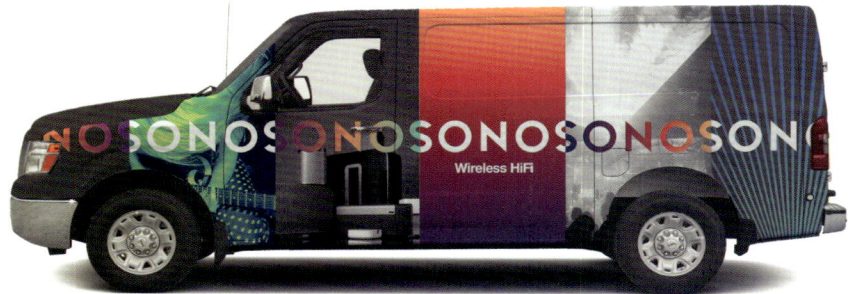
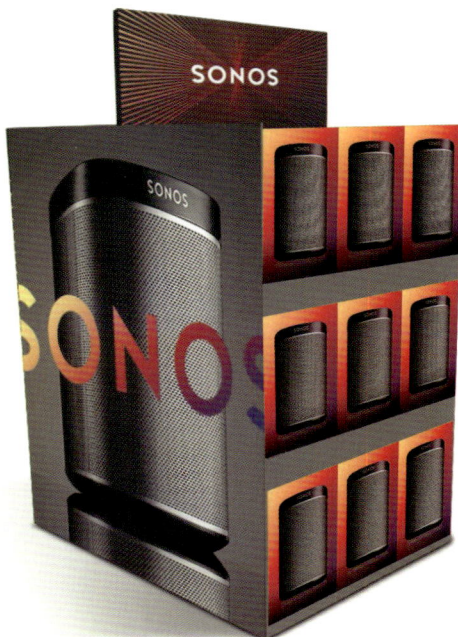

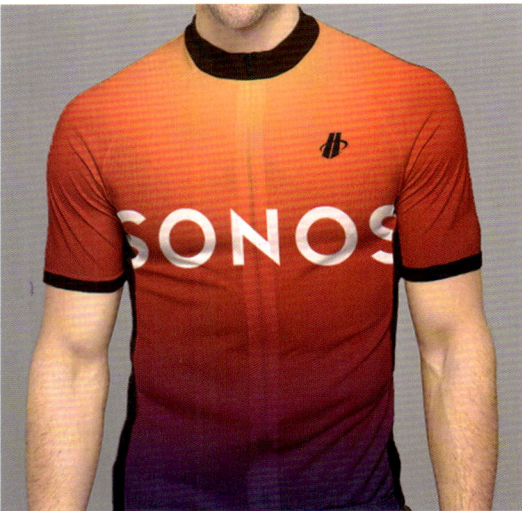

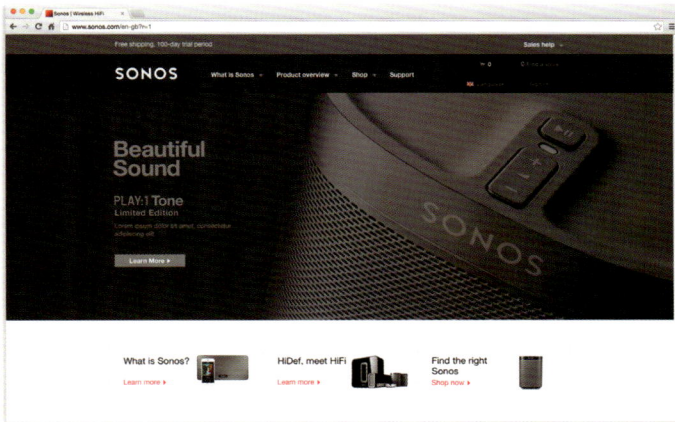

4 号航站楼

约翰·肯尼迪国际机场拥有一个美国最为繁忙的航站楼,这里的年客流量近两千万。4 号航站楼见证了旅客数量的指数增长,于是在过去的几年里不断地扩大航站楼的面积。这个行业越来越注重舒适度、无缝服务和愉快的旅客体验,这也促使管理 4 号航站楼的约翰·肯尼迪国际机场去寻求一种更具标志性和功能性的视觉标识系统。该团队意识到需要为这个航站楼营造一种真实感,一个可以提供安全、高效旅行体验的场所,并以一种友好、有趣、令人愉快的口吻传达信息。

4 号航站楼团队与 Base Design 设计公司合作,希望设计一个具有标志性的新标识和能够引导旅客并使旅客感到愉悦的视觉识别系统。Base 的合伙人和创意总监 Min Lew 说:"在整个项目中,我们一直在考虑人们旅行时的感受。那是一种紧张的体验。直到现在,机场设计依然围绕的是飞机和效率,而不是进出机场的人们。利用建筑去代入感情的案例有很多,但我们希望更进一步。我们希望为作为纽约市航空枢纽的 4 号航站楼赋予一个简单而醒目的个性,并激活这一空间以赋予其个性以生命力。"

Base Design 决定以旅客的体验为基础对航站楼进行设计。他们从反思常见的焦虑不安的机场体验进行着手,为了达到这个效果,他们从机场跑道固有的方向引导线中汲取灵感,并融入其员工的服务承诺。设计公司的目标是改变旅客体验,使其从忧虑和困惑转变成舒适和高效,一路上为旅客提供体贴、惊喜的人性化体验。

委托方
Terminal 4

设计公司
Base Design

完成时间
2016

4YOU 4ALL
4NYC

ABCDEFGHIJKLM
NOPQRSTUVWXYZ
0123456789&!?:;""''

"I HAVEN'T BEEN
EVERYWHERE, BUT
IT'S ON MY LIST."

SUSAN SONTAG

对航站楼大型实体空间进行利用和体现的同时，Base 还设计了一个简单但个性鲜明的现代、开放、轻松的视觉系统。他们设计了一种专属字体，并将重点放在数字"4"上，将其作为品牌形象的基础和图标的定点。Base 将数字"4"的含义延伸为"4 all"，即为了旅客和旅行的方方面面（英文中 4 和 for 同音），使航站楼的体验更具人性化。标识和字体配以生动、令人愉悦的色彩，使航站楼的环境充满清新、有趣、亲切和醒目的感觉。Base 还与插画师 Tomi Um 合作设计了主题插画，这些插画在航站楼各处都可以看见。

除了主要的品牌形象之外，Base 还开发了一个可以将个性融入航站楼体验的应用系统。创新性应用包括：

- 数字指南、电梯、入境大厅、海关大厅、走廊、楼梯平面图、登机口平面图及楼西侧的大标识。

- 入境大厅柱子和墙面上与纽约有关的冷知识和引用。

- 走廊柱子上由 Tomi Um 设计的有趣的插图可以给人们指引酒吧和餐馆的方向。

航站楼的品牌升级项目包括对新视觉识别系统、新语言风格、户外广告、导视和网站的开发。

Epi 软件公司

EPiSERVER > *epi*

2014 年 12 月，Accel-KKR 收购了欧洲的 Episerver 软件公司和美国的 Ektron 软件公司。兼并了两家公司之后，就需要推出一个能够代表未来的全新品牌形象。Essen International 设计公司与这家新的全球组织合作创造了 EPI 这一全新的品牌。他们的共同目标是打造一个远离该行业陈腐思想的科技品牌。设计公司调整了 EPI 的品牌定位，将其定位为"以人为本的技术"的代表，并塑造出以人为本的标识。随即在斯德哥尔摩和拉斯维加斯推出了这一新品牌。新品牌深受该组织、其合作伙伴和顾客的欢迎。这是一个通过授权用户的方式引领行业的品牌，也是一个能够使他们立刻了解 Epi 理念的品牌。

委托方
Episerver

设计公司
Essen International

完成时间
2015

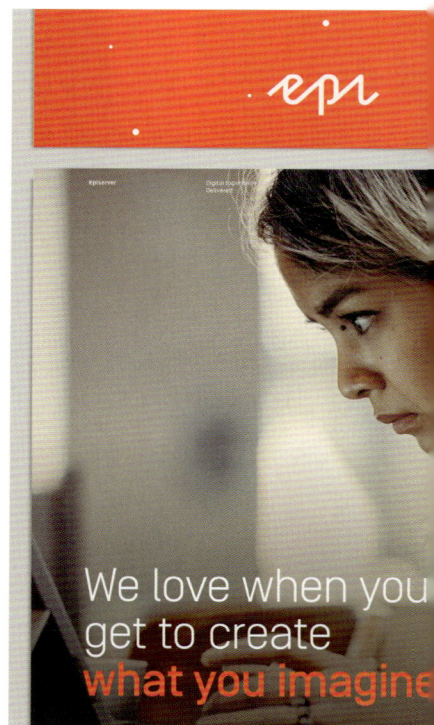

We love when you
get to create
what you imagine

Digital Experience **Cloud**

We love when ideas make it outside your head. Ideas should be able to come out and play.

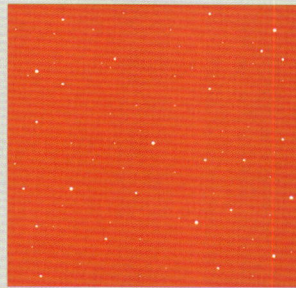

Echo 智能手机

ECHO > echo

Echo 是最新的法国智能手机制造商,该品牌隶属于 ModeLabs,一家著名的手机分销商。这家分销商曾推出过一系列的入门级手机,曾在法国红极一时。2016 年 6 月推出了 4 款智能手机新系列,将焦点放在了入门级和中档产品上,定位于实用性:提供高品质的智能手机和智能设计,而且没有多余的装饰;人们日常生活中的伙伴;多种有用的技术设计。鉴于其竞争者 Archos,Wiko 和 Alcatel 已经在法国市场中拥有较高的地位,Brand Brothers 设计公司帮助该品牌在其中找到了自己的位置。

先前的品牌形象是 Echo 自己内部设计的,主要是针对功能较为简单的手机产品,因而显得不太专业,且并未展现其远大抱负,也没有反映出自信的感觉。旧标识的主要问题是过于单薄,以致没有什么存在感,看起来像是一个无法推出别致手机的陈旧品牌。因此,Brand Brothers 设计公司从一开始就说服其品牌经理采用全新的品牌形象,完全抛弃原有的视觉效果。

标识是这个理念的支柱:这种原始的风格设计象征着回声和共鸣,并能开创一个没有边界的新领域,使其贯穿于整个品牌设计。新标识的设计采用几何形态的无衬线方法,体现出了一种巧妙的理念,即利用字标的外形,将其转变成声波(回波信号)的形式,这个声波也恰好是字母 "e" 和 "o" 的组成部分。字母将抽象的回波信号变得形象化,同时也体现了简洁性这一设计理念。

委托方
Echo

设计公司
Brand Brothers

完成时间
2016

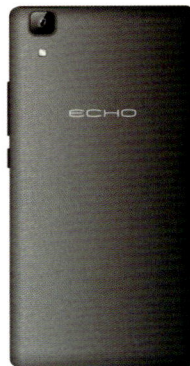

旧品牌形象

Rational Hairline
Rational Thin
Rational ExtraLight
Rational Light
Rational Book
Rational Medium ——————— | GRAISSE DE RÉFÉRENCE |
Rational SemiBold
Rational Bold
Rational ExtraBold
Rational Black

Echo, meet Rational.
Rational, Meet Echo.

Le caractère Rational est utilisé sur l'ensemble des supports de communication de la marque Echo. Ses nombreuses graisses permettent de moduler le message et sa tonalité. La graisse de référence est la Medium, qui doit être utilisée par défaut dans les corps de texte.

Brand Brothers 公司改变了该品牌整体的平面设计：现代的字体、鲜明的色彩、幽默的图案、亲切的图标、大胆的视觉效果和清晰的品牌方针。他们还设计了文具用品、海报、屏幕背景、技术文件及 4 款智能手机的包装。另外，在明确了平面设计的定位之后，他们设计并开发了一个相应的网站。新标识给人一种有趣、前卫的感觉，而且真实、易懂。

Brand Brothers 设计公司希望对该项目的基础设计进行彻底革新：他们以简单、诚信和影响力展现品牌，同时避免给人一种低成本产品的感觉。对他们来说，品牌必须不折不扣地反映质量标准，同时传递给所有消费者。该品牌打破了这种技术产品的神秘感，但也必须接受时间的考验。

2016 年 6 月推出的 4 款智能手机在销售和专业方面大获成功，该品牌也在零售和媒体行业获得极大的视觉影响力。

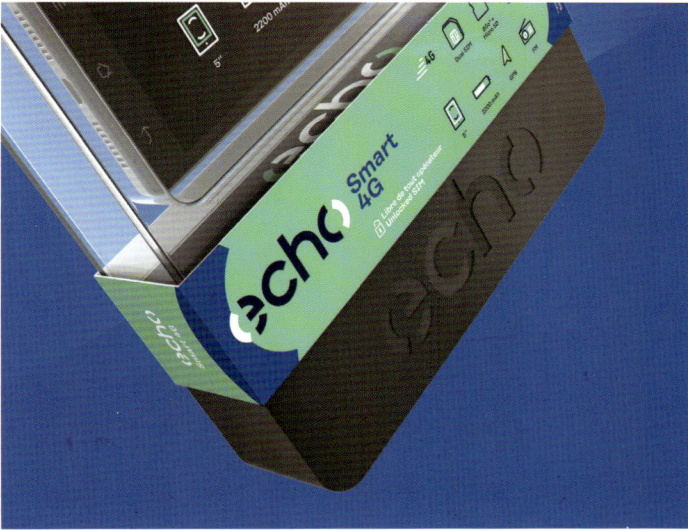

DeviantArt 社交网站

DeviantArt 已经从一个分享 Winamp skins 的平台成长为拥有 3200 万注册会员的数字艺术巨头，成为世界上最大的社交媒体网站之一。Moving Brands 设计公司接受委托，开展了大规模的品牌升级项目，并设计出一款新的应用程序。品牌升级有助于建立新的合作关系和具有挑战性的发展目标。新标识是由已有商标演变而来的，并利用文字展示了其完全颠覆艺术世界的渴望。独特的品牌图案无论是正着看还是倒着看，都是代表字母 "A" 的符号，这一图案使品牌标识得到了进一步展现。新的标识系统使 DeviantArt 团体的特征大放异彩——相似的家庭归属感，令人上瘾的艺术体验的魅力。DeviantArt 在推出新品牌的同时还推出了微型网站和电影，随后又随之推出了公众期待已久的手机应用程序（IOS 系统和 Android 系统均可使用）。

委托方
DeviantArt

设计公司
Moving Brands

完成时间
2014

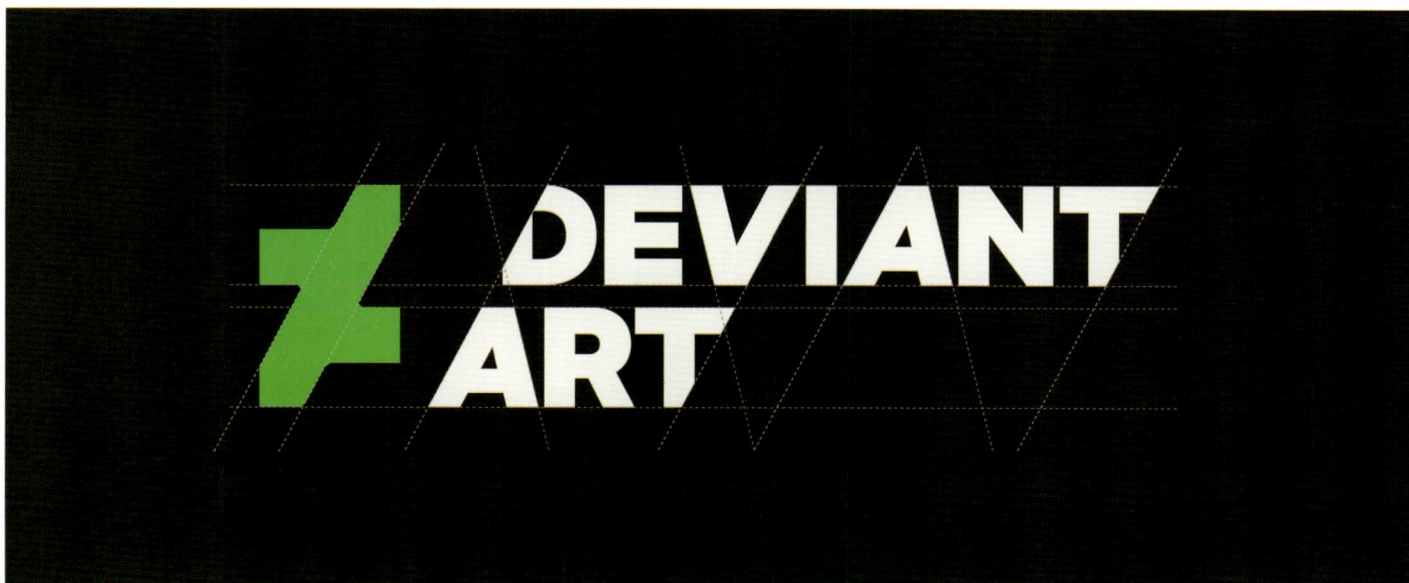

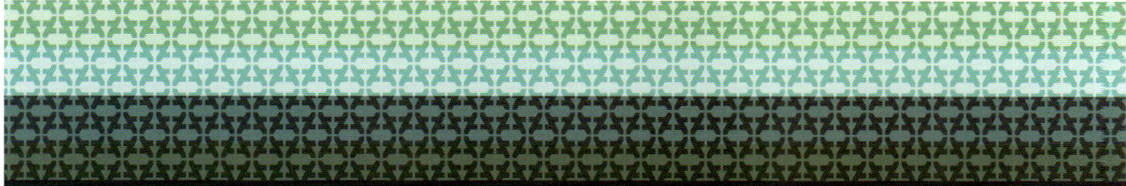

NURTURE
YOUR
CREATIVE
NATURE

NURTURE
YOUR
CREATIVE
NATURE

≠ DEVIANT
ART

artist credit michailvan

ANGELO SOTIRA
CEO

// SPYED

555 123 4567
angelo@deviantart.com
7095 Hollywood Blvd #788
Hollywood, CA 90028

DEVIANT
ART

ANGELO SOTI

// SP

55 12
email@deviantart
7095 Hollywood Blvd
Hollywood, CA 9

ANGELO SOTIRA
CEO

// SPYED

555 123 4567
email@deviantart.com
7095 Hollywood Blvd #788
Hollywood, CA 90028

DEVIANT
ART

WE TURN THE ART WORLD UPSIDE DOWN AND BACKWARDS

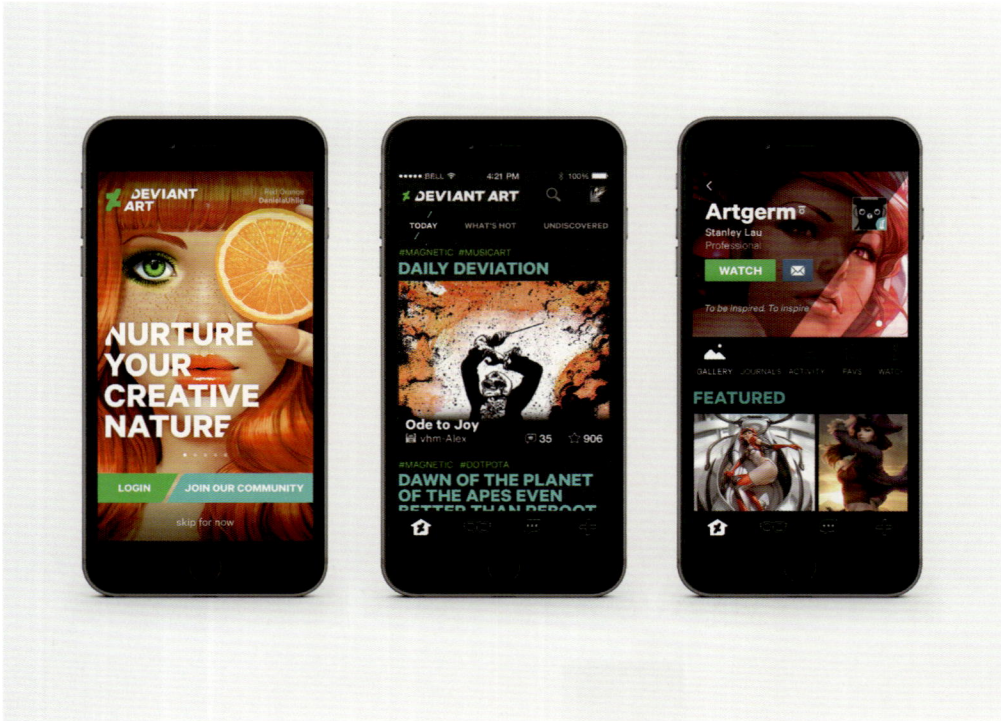

artist credit
Mark Chadwick

Pearson 教育公司

Pearson 是一家全球领先的教育培训公司，拥有 1500 多种产品和服务。他们需要一个新的品牌形象，用以统一大量的产品，为更加数字化的未来做准备，提高全球意识和受欢迎度，并充当全球 4 万名员工的坚实后盾。Pearson 品牌的各方面均需重新构思，其中包括新的品牌架构和战略、充满活力和实用性的新视觉形象的开发及丰富素材的表现。面向客户的品牌应当具有一定的灵活性，以便与 Pearson 的各类追随者及横跨各年龄段、文化和地域的学习者产生共鸣。Pearson 的现有品牌只有一个用于印刷出版的标识，而且并未考虑数字化环境。新的解决方案需要尊重并建立在 Pearson 的传统之上，而且还要提供一个为数字化未来打造的现代设计。Pearson 需要新的品牌形象去支持从传统印刷出版到数字化教育业务的过渡。这个充满活力的、实用、易懂的解决方案中涵盖了大量的视觉构件，包括平衡现代风格与传统风格的字体，和谐亲切的颜色，取自全球公众摄影的插画，手绘图案，图示和图标以及令人精神焕发的语言风格和新的品牌信息。大量的营销素材和全面的指导使品牌升级变得生动有趣。

委托方
Pearson

合作者
Together Design〔视觉形象〕, Freemavens〔标识图标〕, Serious Oomph〔文案〕

完成时间
2016

Playfair Display
Open & Sans

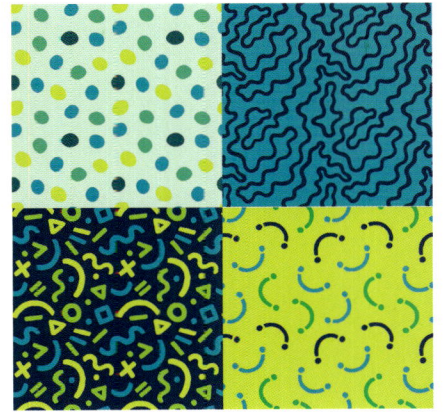

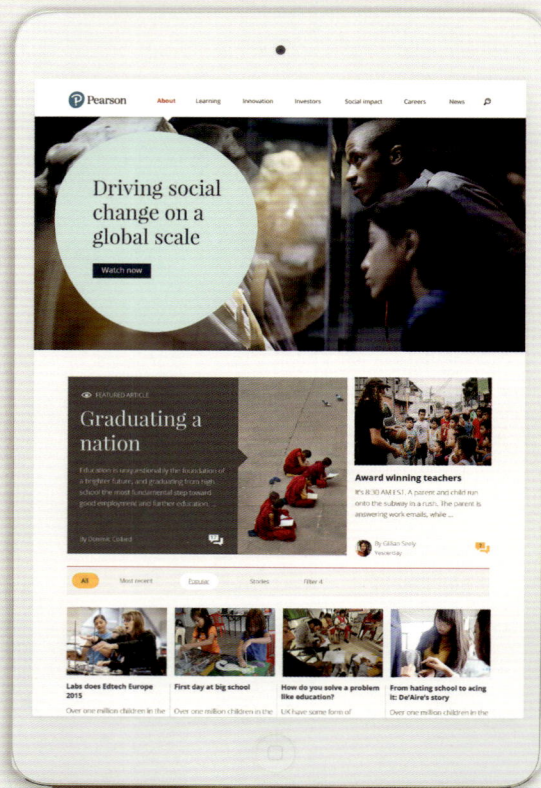

加拿大礼品协会

加拿大礼品协会是一个拥有 40 年历史的非盈利性的协会。该协会致力于提高其会员在年营业额 80 亿美元的加拿大礼品行业中的竞争力和业务效率。设计公司为该协会重新设计了一个全新的品牌视觉形象系统,并根据标识系统设计出完整的色彩组合、图形形状和字体,帮助其品牌表现延展至各个应用当中。

进行自我转型的同时,该协会需要通过新的品牌定位、新的名字和视觉形象获得支持。此外,他们希望保持所有展示和传播应用的视觉表达的一致性,因为历经数年的收购和变化后,已出现了断裂和不一致的现象。设计公司希望设计一个反映加拿大多样性、动态贸易结构及该协会以往的经验和多维度未来的新标识。新的语言和视觉形象平台通过各个传播渠道打造出一个大胆、动态的形象,其中包括社交媒体和视频。简单、灵活的设计可以确保整个品牌的一致性。

旧品牌形象

最后,设计公司还为阿尔伯塔、魁北克和多伦多礼品展设计了一个统一的品牌架构和品牌表现形式,并配以更新后的名字、新的视觉形象和标语 "Engaging Retail"。这一形象系统是以最大灵活性为目标而设计的,从而为导视、附属应用和数字化应用等未来需求做准备。

委托方
Canadian Gift
Association

设计公司
Projektor Brand Image

完成时间
2013

TORONTO
GIFT FAIR™
ENGAGING
RETAIL

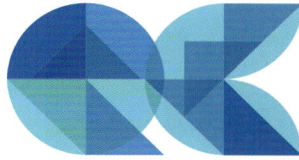

QUEBEC
GIFT FAIR™
ENGAGING
RETAIL

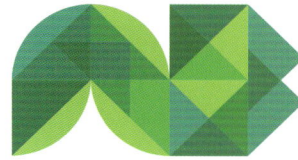

ALBERTA
GIFT FAIR™
ENGAGING
RETAIL

C/10 M/100 Y/34 K/0 R/217 G/24 B/107 HEX #D9186B	C/65 M/4 Y/15 K/0 R/66 G/187 B/211 HEX #42BBD3
C/26 M/99 Y/35 K/3 R/183 G/35 B/104 HEX #B72368	C/82 M/40 Y/0 K/0 R/18 G/131 B/198 HEX #1283C6
C/65 M/98 Y/2 K/0 R/120 G/47 B/143 HEX #782F8F	C/98 M/77 Y/5 K/0 R/8 G/81 B/158 HEX #08519E
C/50 M/0 Y/98 K/0 R/141 G/198 B/66 HEX #8DC642	C/8 M/99 Y/ 67 K/0 R/221 G/33 B/75 HEX #DDD214B
C/82 M/15 Y/61 K/1 R/0 G/157 B/129 HEX #009D81	C/3 M/84 Y/99 K/0 R/233 G/80 B/38 HEX #E95026
C/87 M/24 Y/81 K/10 R/0 G/133 B/88 HEX #008558	C/0 M/40 Y/99 K/ 0 R/250 G/166 B/28 HEX #FAA61C
C/0 M/0 Y/0 K/100 R/0 G/0 B/0 HEX #000000	C/0 M/0 Y/0 K/70 R/109 G/111 B/112 HEX #6D6E70

CANADIAN GIFT
ASSOCIATION™

TORONTO
GIFT FAIR™

INSPIRE
CONNECT
SUCCEED

ENGAGING
RETAIL

Brandon Grotesque Bold

ABCDEFGHIJKLMNOPQRSTUVWXYZ
1234567890!@#$%^&*(){}[]\V

Proxima Nova

ABCDEFGHIJKLMNOPQRSTUVWXYZ
abcdefghijklmnopqrstuvwxyz
1234567890!@#$%^&*(){}[]\V

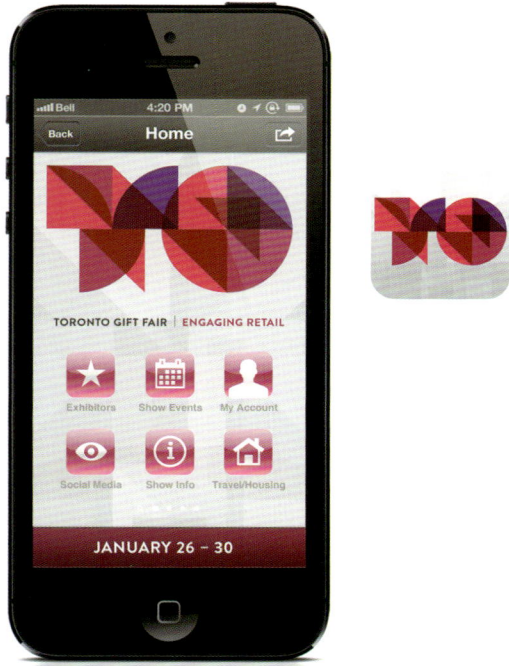

英国击剑组织

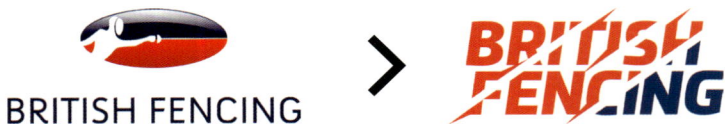

BRITISH FENCING > BRITISH FENCING

为了在 2016 年约奥运会上增加曝光率, 该项目旨在以一种彻底颠覆公众认识、吸引更多观众的方式彻底改变英国击剑运动的形象。新品牌需要清晰地反映出该组织近期确定的品牌价值, 使其被视为位于国际舞台击剑运动前沿的, 一个世界领先的、可靠的、专业的体育组织, 还需向三种击剑类科目 (重剑、佩剑和花剑) 表示敬意。这一新品牌将成为竞争对手的品牌设计参考标准。

该品牌升级的解决方案体现了精密度和清晰度。这个简单的设计理念是利用三道剑痕贯穿整个标识, 也使其成为了辨识度极高的独特符号。标识和视觉风格完美结合, 引人注目的斜线 (生动地描绘了三种击剑武器的动态之感) 从图案和信息中穿过。设计公司希望激励人们以不同的方式去思考击剑运动, 同时鼓励人们敢于变得有所不同, 因为它可能会吸引不同类型的个体: 有创新意识的人, "博弈者" 或者只是有竞争意识的人。

在后期制作中, 设计师与摄影师密切合作, 对背景图片进行了特别的蓝色处理, 以便在版面中强化英国特色、突出运动员的特点。设计公司为新品牌设计了一种能够使字体和图形充满活力的独特视觉语言, 并考虑了海报、广告、横幅、线上、媒体背景、服装和商品的首次展示的一致性。最终的品牌形象及标识非常强大且忠于体育运动, 使所有元素得以在 2016 年 8 月奥运会开幕式前迅速、紧密地结合在一起。

英国击剑组织不仅意识到推出新品牌的重要性, 也清楚新品牌必须吸引所有人, 从沉浸在新世界当中的博弈者到对运动员风格、技能和身体素质充满敬畏之情的英国普通民众。近期备受瞩目的成功表现和代表人物使英国击剑组织深受精通科技和数字化的英国民众的青睐, 也因此吸引了众多赞助商和合作伙伴。

委托方
British Fencing

设计公司
We Launch

摄影
Richard Moran

完成时间
2016

ABCDE 123456
ACCURA SEMIBOLD ITALIC

AaBbCc 12345
ACCURA REGULAR ITALIC

BRITISH FENCING

Be You. Be Different.
BritishFencing.com

BRITISH FENCING

Be You. Be Different.
BritishFencing.com

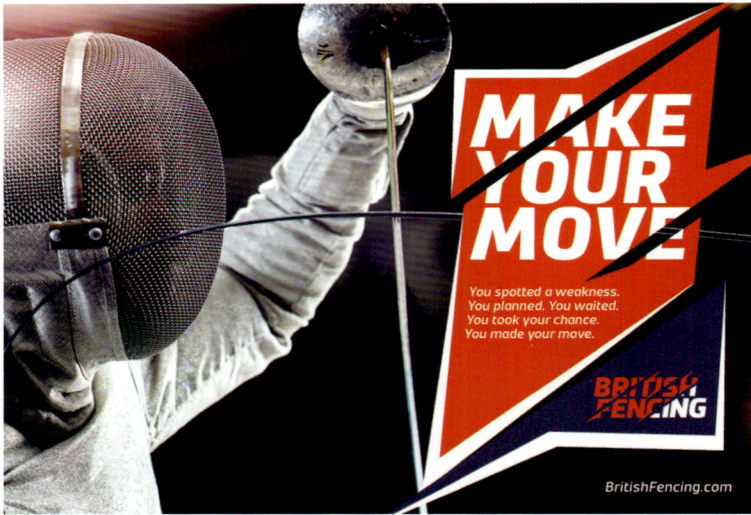

MAKE YOUR MOVE

You spotted a weakness.
You planned. You waited.
You took your chance.
You made your move.

BRITISH FENCING

BritishFencing.com

BRITISH FENCING

Be You. Be Different.
BritishFencing.com

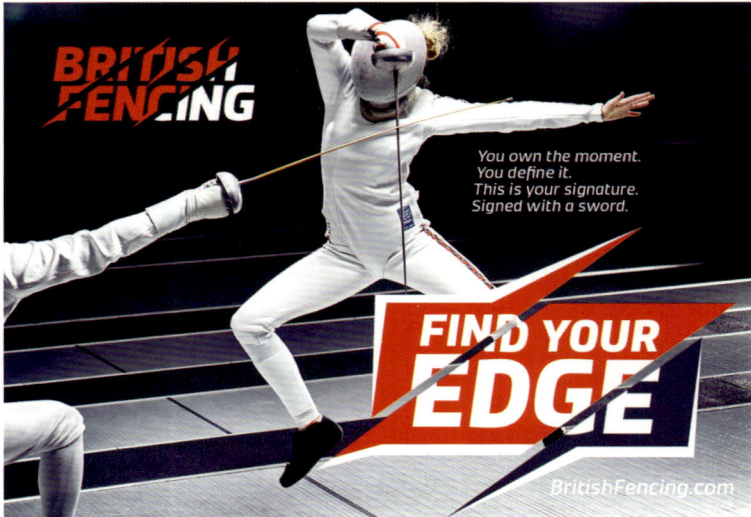

BRITISH FENCING

You own the moment.
You define it.
This is your signature.
Signed with a sword.

FIND YOUR EDGE

BritishFencing.com

MASK ON. GAME ON

BRITISH FENCING
BritishFencing.com

AutoZubak 汽车经销商

AutoZubak是克罗地亚的顶级汽车品牌经销商，主要销售大众和奥迪等品牌的汽车。金融危机给克罗地亚的汽车市场带来了巨大的影响，更多的人选择购置二手车或是修理自己的旧汽车，因此，AutoZubak 不得不改变自己的品牌定位和细分市场。AutoZubak 是高品质和可靠性的代名词，但其销售的汽车产品也价格不菲。为了扩大市场份额，AutoZubak 不得不将业务扩展至所有汽车品牌，而不只是优质品牌。

品牌战略、品牌架构、名字、视觉标识、广告语、插画、设计、线上和线下传播（视觉形象的应用和广告）、零售空间等均有所改变。为了对 AutoZubak 向新细分市场的扩张进行展现，设计团队推出了一个代表质量可靠的形象的子品牌。他们将这一子品牌命名为 Neostar——代表着新（"neo" 在拉丁语中意为 "新"）与旧（"star" 在克罗地亚语中意为 "旧"）的结合。品牌战略营造出一种存在于老友之间的亲近感和趣味感，

旧品牌形象

好似一位可以信赖的老朋友。品牌核心则通过新修理中心、视觉形象、商业广告等投射出来，同时以一种兼具娱乐性和教育性的有趣对白展现汽车零件。

经过此次品牌升级后，AutoZubak 不再被视为顶级汽车品牌经销商。公司力求保持其拥有高品质和可靠性的声誉，同时提升自身友好的、值得信赖的形象。

委托方
AutoZubak

设计公司
Brandoctor（品牌），Bruketa&Zinic OM（设计和广告），Brigada（建筑和产品设计）

完成时间
2013

ABCDEFG HIJKLMNO PQRSTUV WXYZ

abcdefghij klmnopqrst uvwxyz

People return to those they trust

SqueezedUp 餐馆

squeezed**up** > **SQUEEZEDUP**

SqueezedUp 在规模和产品类别上均有所扩展，从一家果汁吧发展成五家完全成熟的餐馆，可以为人们提供高端的健康食品。但是，这个品牌仍然很像是一个新创办的果汁吧品牌。Essen International 设计公司希望以直接、简单、真诚的方式向人们讲述一个关于可靠的天然食物的故事。无须大惊小怪，只是有条不紊地讲述好的故事和好的设计。设计师希望打造一个与人们息息相关，并使其仰慕且能受到启发的品牌。他们的目标是突出 SqueezedUp 的真实

目的：尊重自然和好的配料，这些需要通过品牌和体验传达出来。Essen International 与 SqueezedUp 合作制定了新的品牌战略、品牌形象、零售理念、网站、应用程序、包装、传播工具等一切品牌需要的东西。讲述一个用眼睛可以辨认、舌头可以品尝出的配料拼凑而成的故事。食物是有光泽的、充满善意的，它们源于泥土、水和树木。创造出来的品牌形象是一种用朴实的原味材料制作而成的可靠的天然食物的形象。

委托方
SqueezedUp

设计公司
Essen International

完成时间
2016

SQUEEZEDUP

ABC 123

AaBbCcDdEe
0123456789!?&%#

AaBbCcDdEe
0123456789!?&%#

*AaBbCcDdEe
0123456789!?&%#*

*AaBbCcDdEe
0123456789!?&%#*

HONESTLY
NATURAL

ACTUALLY
PURELY
HONESTLY
NATURAL

ACTUALLY
PURELY
GENUINELY
FAIRLY
HONESTLY
NATURAL

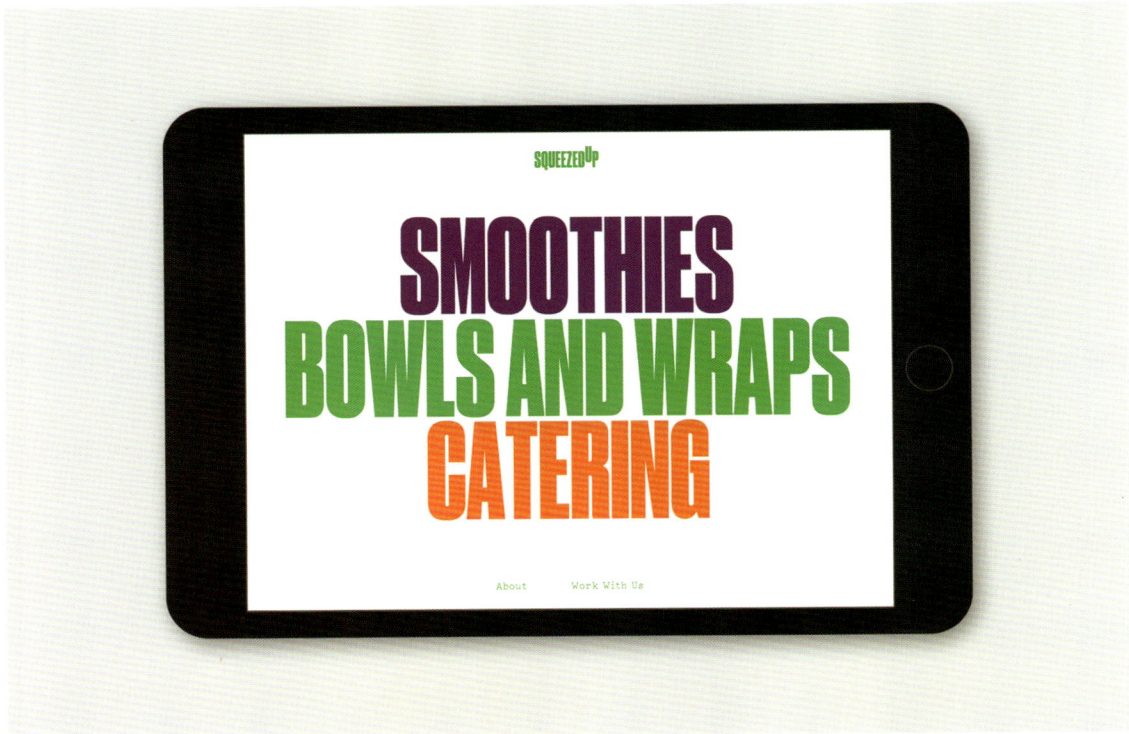

SQUEEZEDUP

SMOOTHIES
BOWLS AND WRAPS
CATERING

About   Work With Us

Unterlinden 博物馆

Unterlinden 博物馆，其前身是始建于 13 世纪的安东尼修道院，这里存放着世界著名的伊森海姆祭坛画。自 2016 年以来，这里经历了大规模的维修改造，增设了新艺术派风格的建筑和一栋名为 "Ackerhof" 的新建筑，如今这里可以展出大量有价值的艺术收藏品。扩建后，大量存放于博物馆内的近现代杰出作品得以公开展出，开启了人们与博物馆内中世纪时期和文艺复兴时期艺术收藏品的对话。新博物馆和重新设计的 Place Unterlinden 大大地增加了科尔马市的吸引力。这个法国小城镇位于阿尔萨斯大区中心，距德国和瑞士不远，一年间便吸引了 300 万来自欧洲、北美洲和亚洲的游客。

NEW ID 设计公司为新博物馆开发并打造了新的品牌设计和传播工具。品牌设计借助新标识、字体、醒目的设计元素、图案和配色，在视觉上建立起 11 世纪与 21 世纪、Matthias Grünewald（德国画家）与 Jeff Wall（加拿大艺术家）、传播与标识之间的联系，这种联系与修道院和 Ackerhof 建筑之间的隐秘联系相类似。

其身份已然改变：旧博物馆是欧洲中世纪艺术精致收藏品的代名词，而新博物馆则是一个新旧艺术作品和中世纪艺术、现代艺术甚至当代艺术的展览馆。与将旧修道院并入新建筑，从而在

委托方
Musée Unterlinden

设计公司
NEW ID

完成时间
2016

视觉上体现 700 年建筑史的粗略城市设计理念相似，新品牌设计彰显了其作为存放着拥有 700 历史的艺术品的博物馆地位。博物馆和展会交流吸引了来自德国、法国和瑞士的游客。博物馆位于法国东部，欧洲文化版图之上，讲述着莱茵河地区过去与现在文化遗产的特性。

MUSÉE
UNTER
LINDEN

Grouch BT Regular

Akkurat Pro Regular
Akkurat Pro Bold

Le nouvel
Unterlinden
Bienvenue

Cuivre

CMYK   25.30.40.13
Pantone   8003

Noir

CMYK   0.0.0.100
Pantone   Process Black

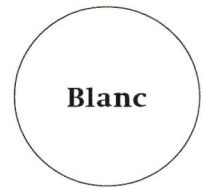

Blanc

CMYK   0.0.0.0
Pantone   —

Cloître
MUSÉE
UNTER
LINDEN
Plan du musée
Museumsplan
Floorplan
Chapelle
Cloître
Piscine
Ackerhof
Galerie
Niveau 0
Niveau Entresol
Niveau 1
Niveau −1
Niveau 2
Abonné
Programme
Février —
Juin 2016
Fév.
Mar.
Avr.
Mai.
Jun.
Agir,
contempler
Exposition
inaugurale
24.1.—
20.6.16

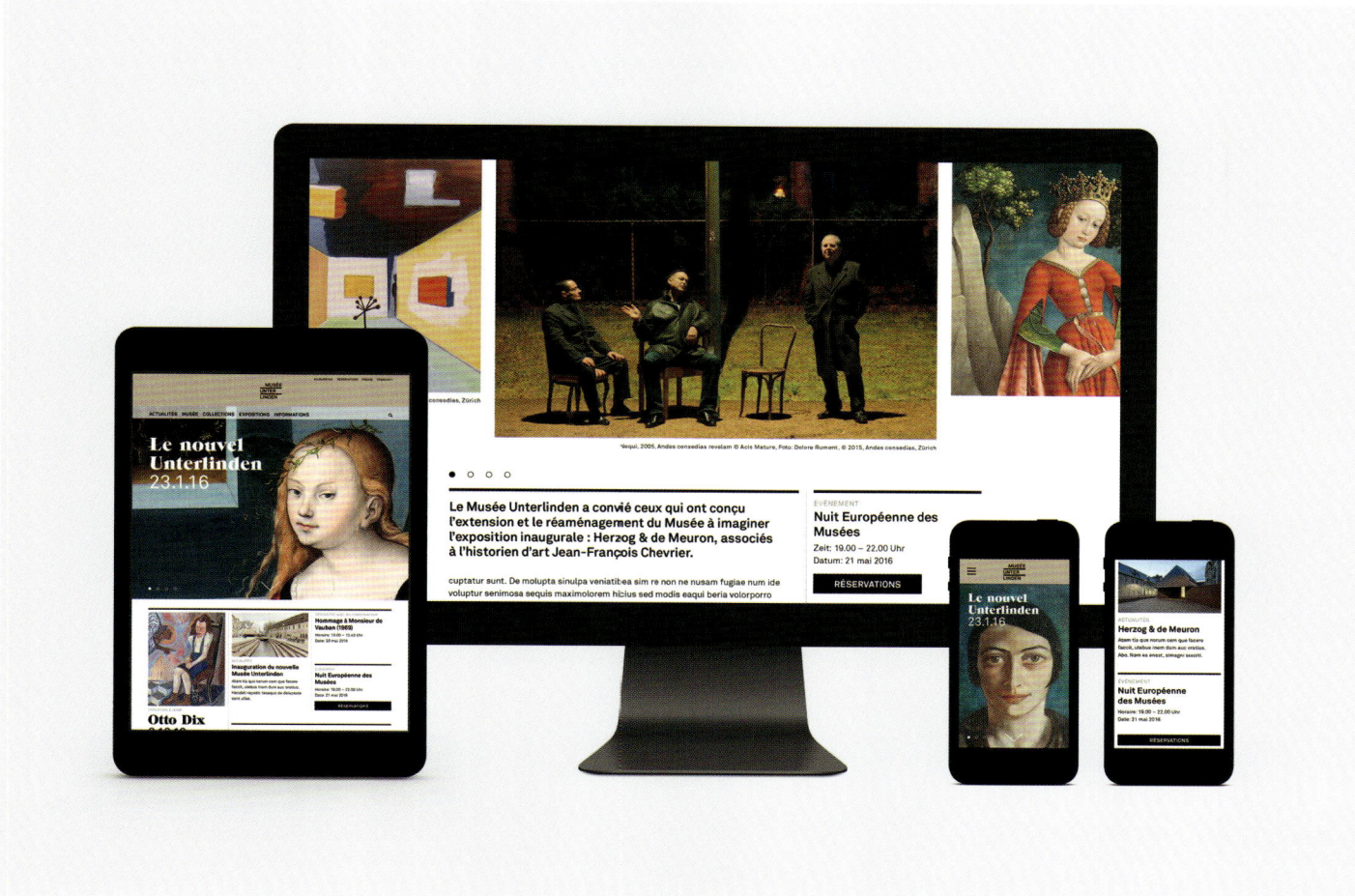

Empathy 工作室

Empathy 是一家工作室，专门提供有意义的顾客体验和有价值的产品。该品牌已有十多年的历史，并开始让人产生疲劳感。该品牌先前的形式装饰过多，并给人一种非常女性化的感觉，而且没有以现代化的方式与公司客户建立联系。他们希望打造出如美国西海岸技术品牌一样的品牌形象。

Empathy 一直与更为国际化的客户群体合作，这些客户希望他们的合作伙伴在视觉形象上与自己的保持一致，考虑到这一点，Koto 设计公司从新标识到全新图案和摄影风格的各个方面，对整体品牌进行了彻底更新。所有这一切的根源在于使复杂的服务变得简单、具体。

他们保留了手写体标识的理念，但却改变了除此以外与品牌相关的其他所有东西。标识感觉有点像签名，反映出了团队工作中的自豪感。所选颜色取自他们工作中最常用的便利贴。新图像将图画和说明结合起来。有条理的手绘字体反映出该品牌具有两面性，既可供娱乐使用，也可根据客户需要进行深化。

随着正在进行的扩展计划，Koto 设计公司希望委托方能够迎合新受众，特别是美国受众的需求。他们希望本次品牌升级可以使人们先是注意到该品牌，然后开始使用该品牌的产品。由于之前的品牌难以推广，因此，他们无法以一个统一的方式进行使用。

委托方
Empathy NZ

设计公司
Koto

完成时间
2015

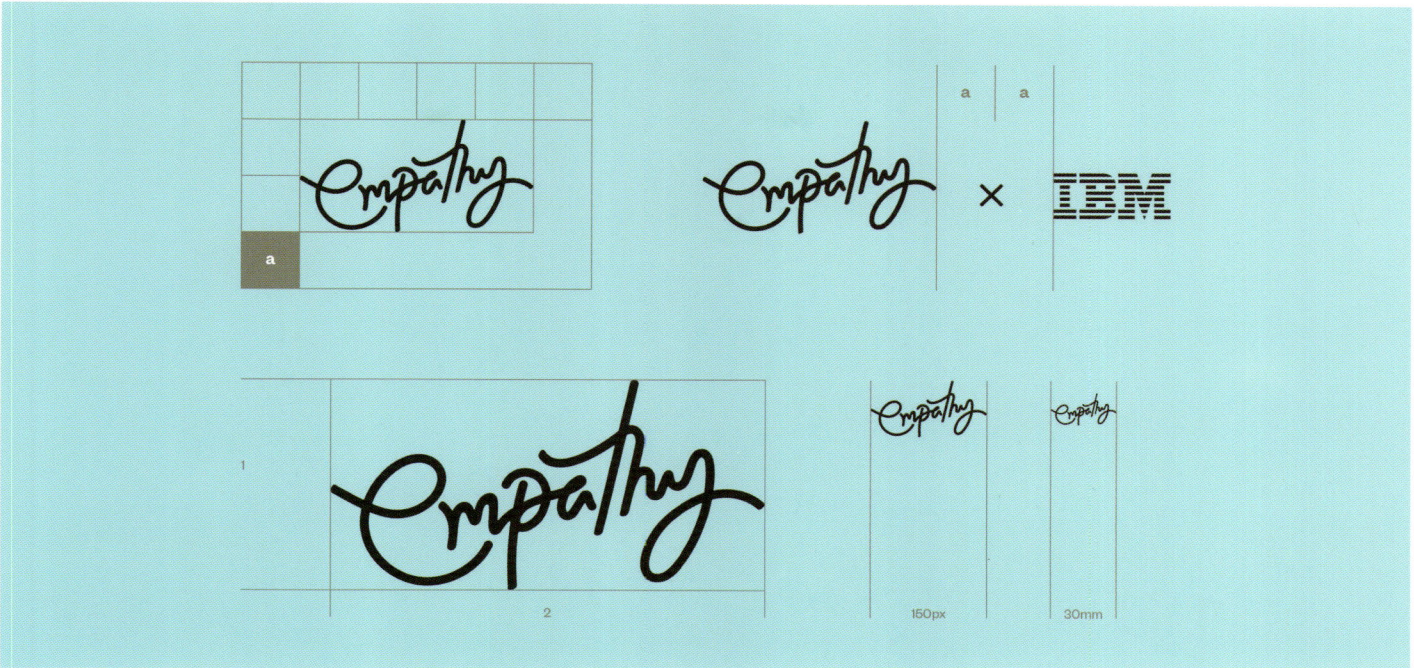

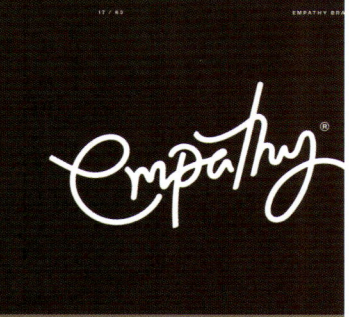

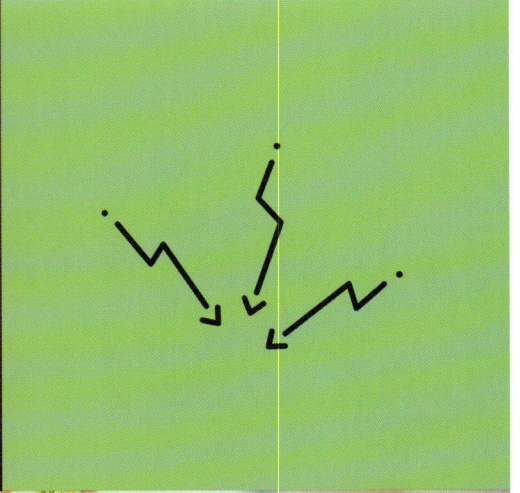
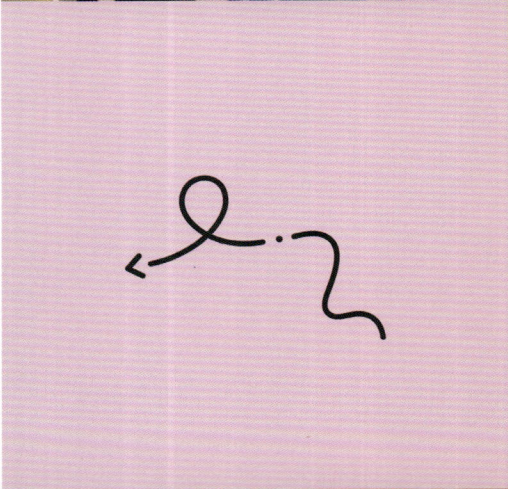

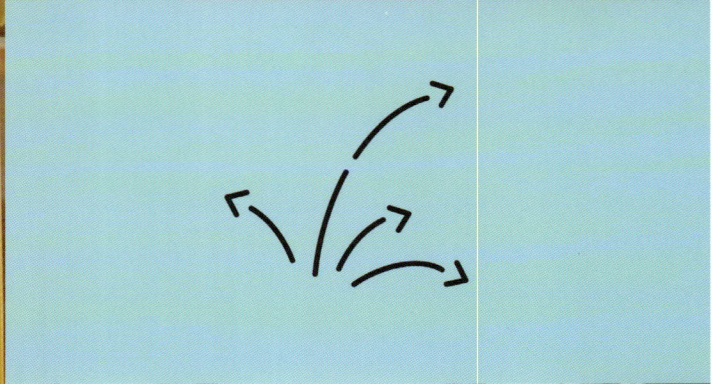
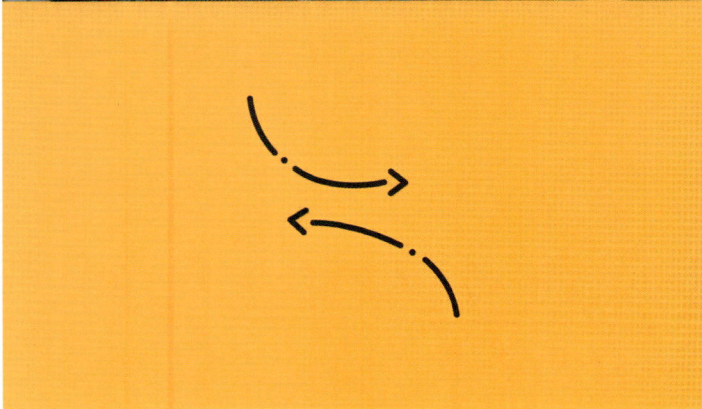

Another Place 游戏品牌

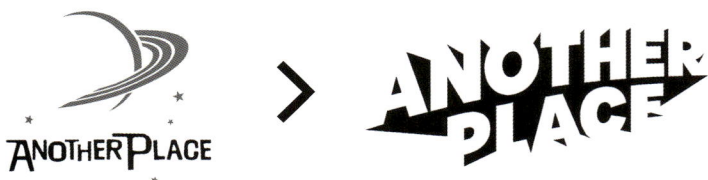

成立于 2012 年的 Another Place 是一家总部设在伦敦的手机游戏开发商，由创作 Xbox Fable 系列的部分关键成员组成。包括 Initial Capital 和 Connect Ventures 在内的顶级游戏风投公司为该团队提供支持。为了推出新的旗舰游戏 Battlehand，该公司需要进行品牌升级，从而与高额的制作费用和强大的游戏艺术指导相匹配。他们需要一个能够横跨多种游戏类型，并具有不同艺术风格的品牌形象。

Proxy 设计公司受邀为其设计一个全新的品牌形象系统，其中包括全新的标识、配色、字体和图形语言。形象的核心是以明亮色彩为背景的独特商标。设计公司更新了所有的品牌形象元素。商标也经过了重新设计，不仅象征着这是一个通往"另一个世界"的入口，也可以作为特色图形使用。升级后的品牌形象采用了新的核心颜色去填充不同的游戏插画，最后还挑选了一种新的字体 Komet，这款由 Jan Fromm 设计的字体结合了功能性和易读性，并具有趣味感和舒适感，在审美上与新标识十分匹配。这些元素共同构成了一个独特的、熟悉的新标识系统，并应用到了 Another Place 游戏的多个版本当中。

委托方
Another Place

设计公司
Proxy

完成时间
2016

WHITE	GREEN	YELLOW
RGB 255 255 255 CMYK 0 0 0 0	RGB 60 121 59 CMYK 78 30 92 15	RGB 255 211 51 CMYK 0 17 85 0

DARK WARM GREY	RED	PURPLE
RGB 28 22 16 CMYK 0 30 66 98 PANTONE® 412	RGB 232 79 28 CMYK 80 30 93 15	RGB 87 56 109 CMYK 77 86 26 14

ANOTHER PLACE LOGO GUIDE
VERSION 1

JEREMIE TEXIER
Co-Founder & CEO

+44 78 99 890
jtexier@
anotherplaceproductions.com

JOHN
Co-Fou

+44 75 4
jmccorma
anotherpl

GUILLAUME
Co-F

Battlehand
2016.03.16

ANOTHER PLACE

Download on the App Store
Google play

BATTLEHAND
TWEETS 90
FOLLOWING 59
FOLLOWERS 8,084
LIKES 38
Another Place
Download BattleHand on iOS and Android for Free!
London, England
anotherplaceproductions.com
Joined February 2012
12 Photos and videos
Tweets
Tweets & replies
Media
Oscar Clark
Guillaume @AnotherPlaceLtd lessons from @BattleHandGame great advice re: prototypes/softlaunch/publish @TIGAMovement
New to Twitter?
Sign up
You may also like
BattleHand
Guillaume Portes
Dene Carter
Jon Eckersley
Jeremie Texier
Trends
#Clearing

ANOTHER PLACE
Battlehand:
Journey to Launch

ANOTHER PLACE

Why was Another Place born?
From a desire to master the entire process of creating a game, from dreaming up a new world, to marketing it to the players. The founders believe that in a small, agile company, they can create and market games better and faster—resulting in happier players and better business.

ANOTHER PLACE

BQ 技术公司

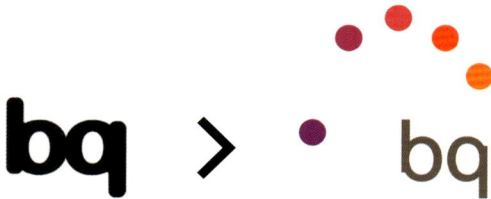

10 年前，几个工科学生开始做定制 USB 的小生意，他们有个雄心勃勃的想法，就是使每个人都理解技术。如今的 BQ 是一家拥有 1000 名员工的联合公司，除了最初的 USB 产品，他们还设计和生产电子阅读器、新一代智能手机、3D 打印机、玩具机器人等。除了消费品之外，BQ 的经营理念还有一层教育意义，即让人们了解技术，不只是其价格，更重要的是为人们提供了解、使用和开发技术的必要工具。

公司合并后，他们的业务已经扩展到西班牙市场以外的地方，与世界上第一个智能手机制造商和经销商联盟展开竞争。在这种不断发展的背景下，BQ 决定委托 Saffron 设计公司帮助他们打造一个可以与他们一同成长的、强势的、识别度高的品牌形象。Saffron 设计公司第一次与 BQ 的创办人和董事接触时，就发现这是一个非常可靠的、有雄心壮志和激励精神的团队，并且有着强烈的信念。他们说："技术是帮助我们将不可能变成可能的工具；它能突破障碍，让交流变得轻松自由；它也是让世界变得更好的关键所在。"

Saffron 设计公司以 BQ 固有的 DNA 为基础，将 BQ 的品牌理念定义为"帮助人们了解技术，鼓励他们使用并开发技术"。Saffron 设计公司总结了 BQ 几个关键的个性特征，即真实性、挑战性、动态性、可靠性和教育性，从而打造出一个生动的、独特的视觉识别系统，以此鼓励人们通过使用和了解技术充分展示自己的想法。这个标识连同与不断变化背景互动的白色窗口赋予了该品牌理念以生命力。

委托方
BQ

设计公司
Saffron Brand
Consultants

完成时间
2015

bq

Akkurat Mono
+
Akkurat Pro Light
Akkurat Pro Regular
Akkurat Pro Bold

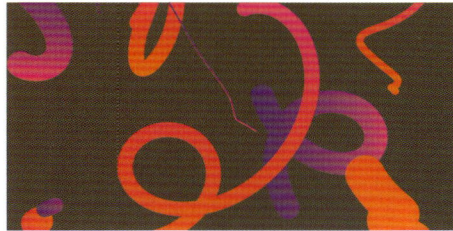

It's
in your
hands.

It's
in your
hands.

14:15
Lunes 3 de marzo

Aquaris M5
Negro

Aquaris M5

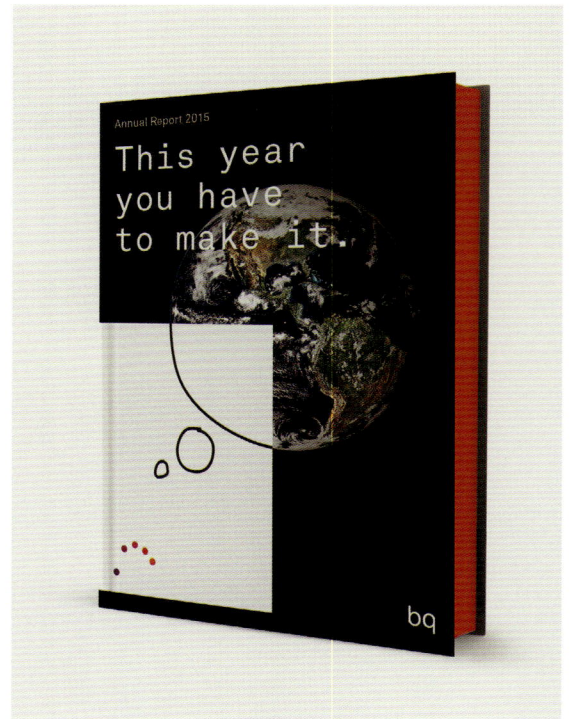

Qué hay
dentro
del nuevo
Aquaris?

bq

witbox

Comparte
tu día a
día con
Aquaris.

bq

CAP

Qué hay
dentro
del nuevo
Aquaris?

bq

Si sabes
dibujarlo
aquí.

Podrías
imprimirlo
aquí.

bq

witbox

Up !

Las nuevas
Aquaris
te harán
libre

bq

bq.com

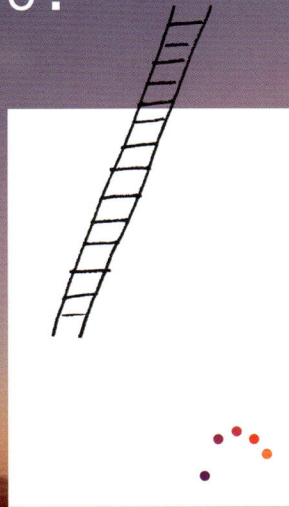

Si puedes
imaginarlo
puedes
hacerlo.

bq

bq.com

DEPOSITE AQUI
SUS PILAS

英国雪橇和冰橇协会

英国雪橇协会和冰橇协会合二为一，因而需要为其打造一个能够体现品牌价值的统一标识，使其成为一流的、可靠的、高度专业化的新冬季运动组织。品牌升级邀请那些近期在冬奥会和世锦赛表现优异的运动员来代言，目标是打造一个将会成为行业标准的新品牌，一个运动员、追随者、赞助商、合作伙伴、教练员、设计师、工程师及团队成员引以为傲的品牌，并有助于激励新生代。

设计公司对该协会进行采访和调研后发现，这两个协会的成员都有一个非常明显的共同点，就是他们对运动的酷爱以及对速度的热情。设计公司随即明确品牌价值及核心品牌个性，这也成为了新品牌形象创作的基础。新标识以跑道的动态曲线为灵感，设计出了一个能表现这两种运动的简单和独特的形状。标识的字体表现出了一种勇敢而自信的风格，无论是在网站、参赛用品和装备上，不同尺寸的标识都可被轻易辨认。

为了设计出一种独特的视觉语言，设计师们觉得不仅要对运动员进行形象、有力地描绘，还应关注是什么让雪橇和冰橇运动如此辉煌，即不断开发的技术和工程创新帮助运动员获得瞬间的快速反应优势。设计师们将技术数据、统计数值

和图纸与运动员的动态影像结合起来，并配以明显的英国色彩，从而设计出一种能够使人们联想起这两种运动独特之处的图形样式。有了这一全新的品牌后，该协会便可在崭新时代开启之时满怀信心地继续向前，吸引更多的追随者、赞助商和参与者。

委托方
British Bobsleigh & Skeleton

设计公司
We Launch

完成时间
2015

BRITISH BOBSLEIGH & SKELETON

ABCDE 123456
SUPERMOLOT BOLD

AaBbCc 12345
SUPERMOLOT REGULAR

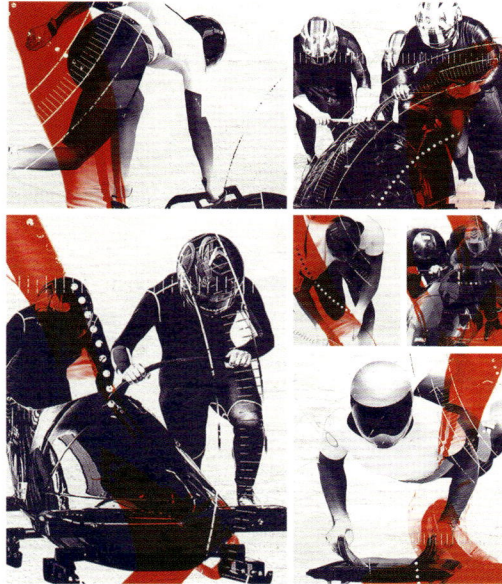

FOCUS.
DRIVE.
PUSH.
BE EXTRAORDINARY

ONE HUNDREDTH
OF A SECOND
COUNTS.
BE EXTRAORDINARY

1,500m. 17 CURVES.
131m VERTICAL DROP.
55 SECONDS.
BE EXTRAORDINARY

SANKI SLIDING CENTER
WINTER OLYMPICS, SOCHI 2014

BASICS FIRST.
INNOVATE
SECOND.
BE EXTRAORDINARY

DREAM BIG,
OR NOT AT ALL.
BE EXTRAORDINARY

ANTICIPATION:
THE KEY TO A
GOLDEN START.
BE EXTRAORDINARY

INSPIRING THE
NATION WITH
PHENOMENAL
PERFORMANCES.
BE EXTRAORDINARY

HEAD FIRST,
FLAT OUT,
INCHES FROM
THE GROUND.
BE EXTRAORDINARY

HEAD FIRST AND ONLY FEET FOR STEERING

BE EXTRAORDINARY

BRITISH BOBSLEIGH & SKELETON

SPRINTING 50M WITH A BOBSLEIGH IN LESS THAN 10 SECONDS

BE EXTRAORDINARY

BRITISH BOBSLEIGH & SKELETON

BRITISH BOBSLEIGH & SKELETON

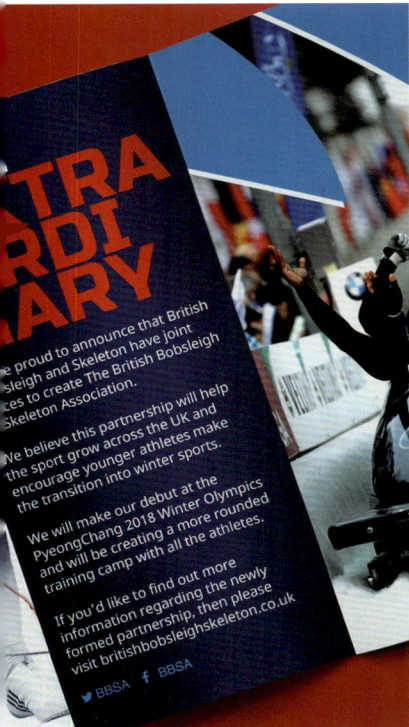

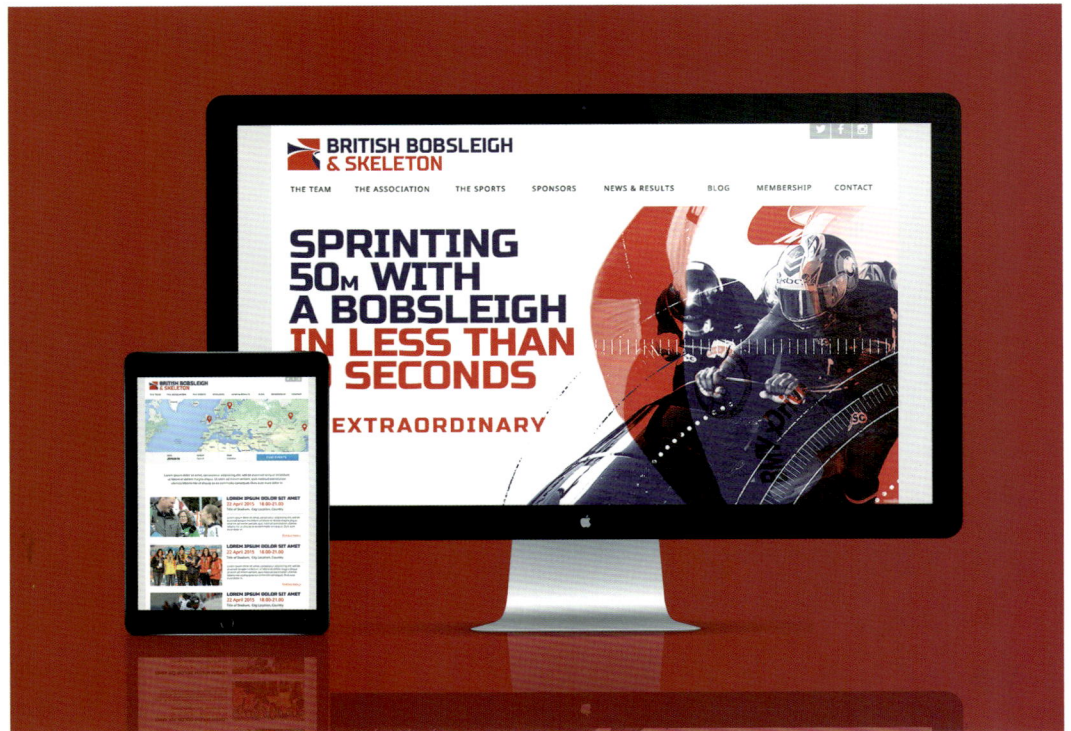

Symphoniker Hamburg 管弦乐团

由 Ernst Markus 创建的 Symphoniker Hamburg 是汉堡的汉萨同盟最受欢迎的管弦乐团之一。1957 年，汉堡室内管弦乐团和汉堡交响乐团第一次以 "Vereinigte Hamburger Orchester" 的名义进行合奏演出。Elbphilharmonie 音乐厅开放后，Symphoniker Hamburg 成为汉堡著名的 Laeiszhalle 音乐厅的常驻管弦乐团，并用全新的名字和品牌开始第一季的演出。在 2016—2017 新一季演出开始时，Symphoniker Hamburg 以简化后的外观形象出现在公众面前，借此启动新一轮的演出。

为了强化品牌形象，加强整体品牌体验，PSBZ 工作室设计了一套新的视觉形象标识。新标识将音乐家的娴熟技艺和活力展现了出来，并延伸到节目、信纸、名片、活动和引导标识上。为了强调该乐团的家乡，PSBZ 工作室在保持连贯性和一致性的前提下将其名字改为 "Symphoniker Hamburg"。

委托方
Symphoniker Hamburg

设计公司
Peter Schmidt, Belliero & Zandée

完成时间
2016

新名字更易于在国际范围内使用，并可避免人们将其曲解为美国典型的快餐食品——汉堡。

PSBZ 工作室希望再现 Symphoniker Hamburg 的精髓：对高品质音乐的追求。设计师们从先前的标识设计中汲取灵感，对简化、精炼后的音频进行新的解读。简单化的设计和精致的几何形状使标识更容易被辨识出来。标识设计运用了单线几何外形，并保持与装饰性的字体风格相一致。新增字体为粗体形式，与生动的波形条非常匹配，粗体字也使得标识更加鲜明、充满活力。这种对比增强了视觉冲击和交流深度，在缺少声音的情况下对音乐演出进行有效宣传。除了形状对比外，还使用了色彩对比，将泛着微光的蓝色和标准的海军蓝搭配在一起，创建一种兼具视觉效果和美感的表现形式。

尽管严肃性和趣味性的双重理念贯穿整个标识，但却是色彩搭配和朴素字体支配着不同的设计元素。这些元素包括衬线字体、简化的几何标识、

Anton Bruckner

Symphonie Nr. 8
C-Moll

C:100 M:57 Y:12 K:66
R:5 G:10 B:20
Pantone 289 C

C:70 M:0 Y:15 K:0
R:35 G:185 B:215
Pantone 311 C

松散的结构和协调的版面。整体风格通过字号、版式变化和各种细节在现代与古典、嘈杂和轻柔、粗犷和细腻之间转换。

这些有趣的对比反映出了管弦乐团的特征和创作环境。强烈的延续性贯穿始终，通过对比和变化保持标识的趣味性，并以将场所、传统和音乐元素组合在一起这一简单却恰当的理念为基础。

SYMPHONIKER HAMBURG
LAEISZHALLE ORCHESTER
Wagner
Tannhäuser - Vorspiel & Venusberg
Strauss
Burleske
Adès
Totentanz
So 18.09.16
19.00 Uhr
Laeiszhalle
Jeffrey Tate
K.Gerstein, Klavier
C. Stotijn, Mezzosopran
A. Erod, Bariton
symphonikerhamburg.de - Tickets unter +49 40 357 666 66

SYMPHONIKER HAMBURG
LAEISZHALLE ORCHESTER
Jeffrey Tate
Anton
Bruckner
Symphonie Nr. 8
C-Moll
K.Gerstein, Klavier
C. Stotijn, Mezzosopran
A. Erod, Bariton
So 18.09.16
19.00 Uhr
Laeiszhalle

SYMPHONIKER HAMBURG
Herbst
2016

皇家阿尔伯特音乐厅

皇家阿尔伯特音乐厅从 1871 年开始启用，是世界最著名的娱乐场所之一。这里举办过多场全球伟大艺术家的表演，艺术形式和演出类型，包括：古典音乐、爵士乐、摇滚乐、流行音乐、芭蕾舞剧、马戏、歌剧和喜剧。这里还举办过很多当代的传奇活动，其中包括体育赛事和电影首映。皇家阿尔伯特音乐厅是一个声名远扬且备受称赞的标志性品牌，有着令人羡慕的声誉。

尽管音乐厅有着悠久的历史和令人羡慕的声誉，但却没有一个既能配得上其声誉，又能激励全世界艺术家和观众的一流的视觉识别系统。随着时间的推移，音乐厅引入了很多对其功能进行描绘的标识，从而导致品牌形象缺乏连贯性和一致性，这些标识无法在媒体上特别是数字环境中有效地发挥作用。

旧品牌形象

BrandPie 设计公司的任务是更新音乐厅的视觉识别系统，用以体现音乐厅的未来及浓厚的底蕴。设计师们打造了一个核心标识和应用范围更广的支持系统，这套系统给人一种现代、充满活力的感觉，有着经典、永恒的品质。这个标识

委托方
Royal Albert Hall

设计公司
BrandPie

完成时间
2015

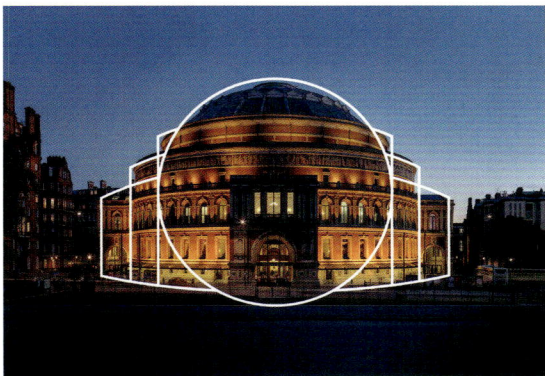

系统需要吸引音乐厅的广大观众，传达音乐厅的独特传统和声誉，宣传各种各样的活动，增强观众的参与感和兴奋感，同时在不疏远音乐厅传统访客的前提下吸引新的年轻观众。

色彩鲜明的标识符号恰好做到了这一点。多层次的透明度体现了音乐厅的活力、多方面特色及活动的广度。标识符号中央的"敞开的大门"体现了音乐厅的包容性。与此同时，用经典手绘衬线字体设计而成的音乐厅名字"Royal Albert Hall"弥补了现代风格标识的不足。标识构成了设计系统、图形元素和色彩搭配的核心部分，并可被用于诸多应用当中。

新的标识和形象吸引了各年龄段的众多观众。充满生气的色彩搭配展现了现场体验的兴奋感和音乐厅活动的范围、丰富性和活力。另外，金银两色的辅助搭配给品牌的应用以一种朴素的质感。

作为一个慈善团体，获得内部利益相关者的认可，并在成本有效管控的前提下实现音乐厅的正常运营，对最初的设计创作和实施成本来说非常重要。设计公司的目标是通过提供一套有效的品牌设计准则节约音乐厅内部营销团队的时间和成本，进而推出新标识，使形象管理合理化并建立一致性。新标识需要通过改善推广效果和应用到门票设计、食品和饮料销售、教育活动和商品销售来提升自身价值。项目时间紧迫，需要在音乐会的新网站推出时完成。

该项目最为突出的成就是打造了一个可以丰富顾客体验的商标和品牌系统，能够使人们想起他们在皇家阿尔伯特音乐厅观看演出的难忘经历。新标识有效地体现了这个建筑物、观众和数十年来为音乐厅做出突出贡献的传奇艺术家们的精神。新标识将音乐厅带入 21 世纪，从而建立起与新一代艺术家和观众们的联系。

新的品牌标识于 2015 年 2 月推出，并已获得音乐厅利益相关者（观众、推动者、员工和管理委员会）的积极认可。新的品牌标识使音乐厅能够积极地管理和提升自己的品牌，与赞助商和第三方推动者紧密合作。2015 年 10 月，皇家阿尔伯特音乐厅甚至出现在"最酷的品牌"排名前 100 的名单中，在娱乐类别中位列第一，总排名第 13 位。

Effra Medium

ABCDEFGHIJK
LMNOPQRSTU
VWXYZabcdef
ghijklmnopqrs
tuvwxyz

Effra Light

ABCDEFGHIJK
LMNOPQRSTU
VWXYZabcdef
ghijklmnopqrs
tuvwxyz

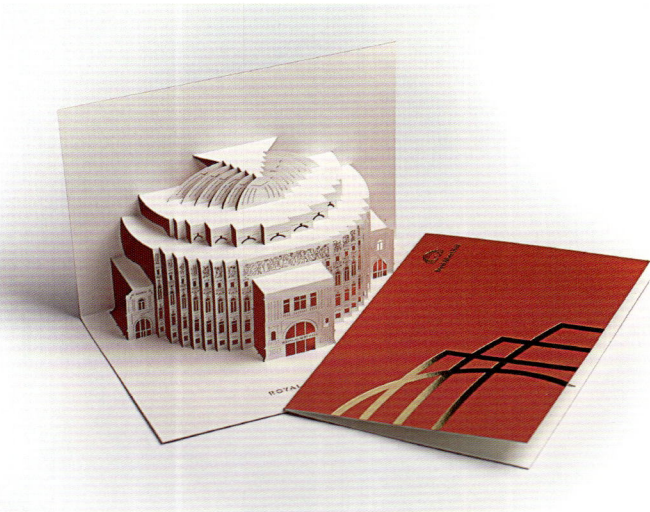

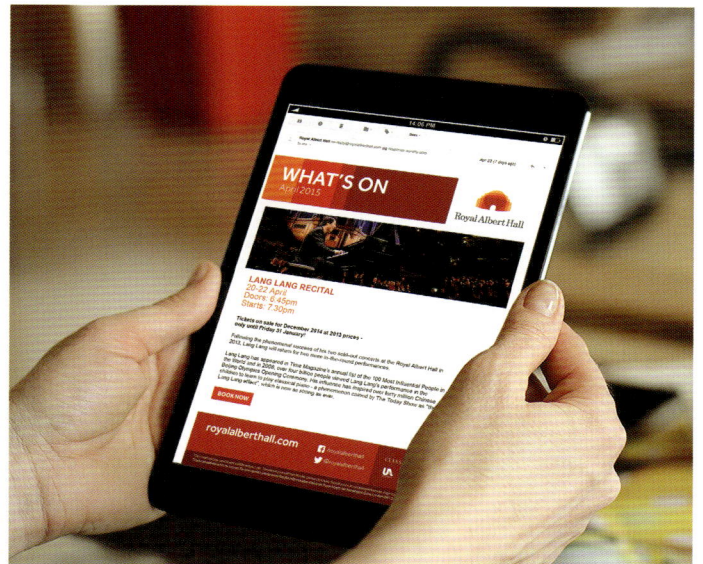

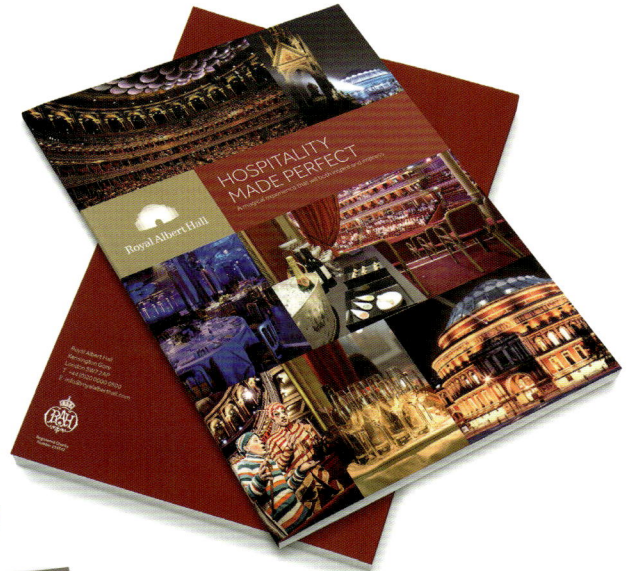

Molife 手机配件公司

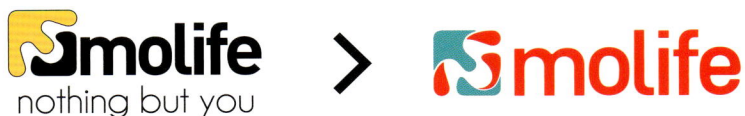

Molife 是一家手机配件公司。它的名字来源于 Mobility + Life (移动 + 生活)。这是一个有 7 年历史的中端手机配件品牌，且已得到了购买者的认可。后来，Molife 决定扩展业务，将品牌推向一个新的高度，因而委托设计师对品牌进行更新，使其更加高端、有吸引力，以便与国际品牌进行竞争。

设计师希望该品牌给消费者留下与众不同的印象，力求借助优质的产品和一个年轻、多彩的且受欢迎的品牌帮助这家公司打入国际市场。设计师们以 "相同的是人性，不同的是个性" 这一初始想法为基础提出了将产品视为一种时尚的观点，借以从众多品牌中脱颖而出。由此创造出了一个极富新鲜感的品牌。

旧标识和新标识的联系

设计师们更新了与品牌相关的所有元素：想法、标识、色彩、品牌语言、包装和信纸，并在品牌升级过程中时刻谨记不得失去 Molife 的内涵和市场认可度。他们选择了鲜艳的色彩和有趣的字体。大部分配件包装都是直接展示产品，并配以不同的品牌颜色。对于包装盒，品牌的颜色是印在产品图片或背景上，不同的产品系列使用不同的颜色。该品牌还具有醒目、时尚、独特和美观的特点，为品牌的艺术风格增色不少。

委托方
Molife

设计公司
Crazyfox Studio

设计师
Pawan Verma, Rana Bhaumik

完成时间
2015

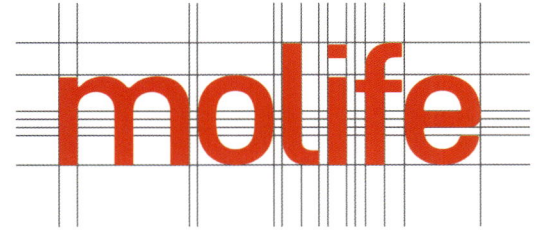

R: 0   C: 75
G: 185   M: 0
B: 200   Y: 25
        K: 0

Pantone Solid Coated
3115C

R: 255   C: 0
G: 0   M: 100
B: 0   Y: 100
       K: 0

Pantone Solid Coated
185C

The quick brown fox jumps over the lazy dog

The quick brown fox jumps over the lazy dog

The quick brown fox jumps over the lazy dog

The quick brown fox jumps over the lazy dog

The quick brown fox jumps over the lazy dog

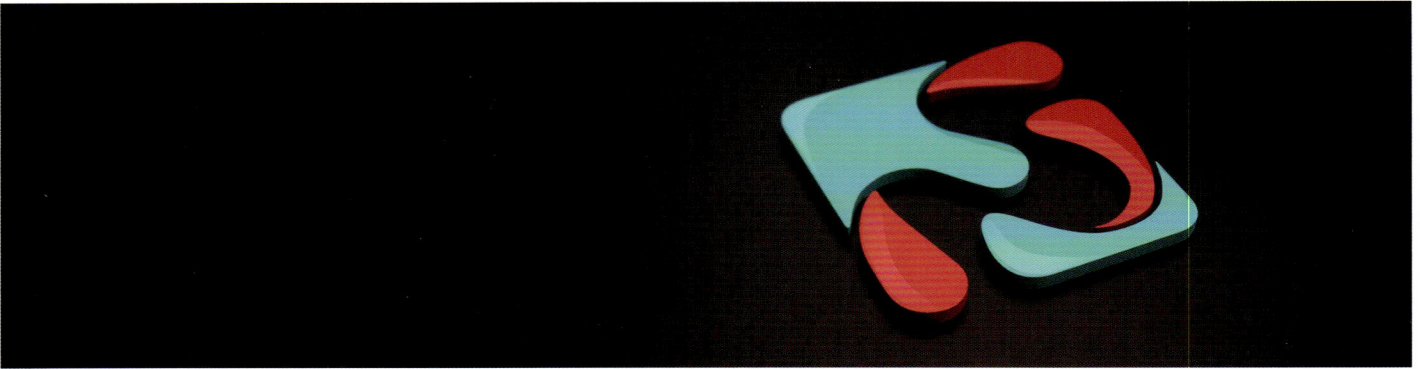

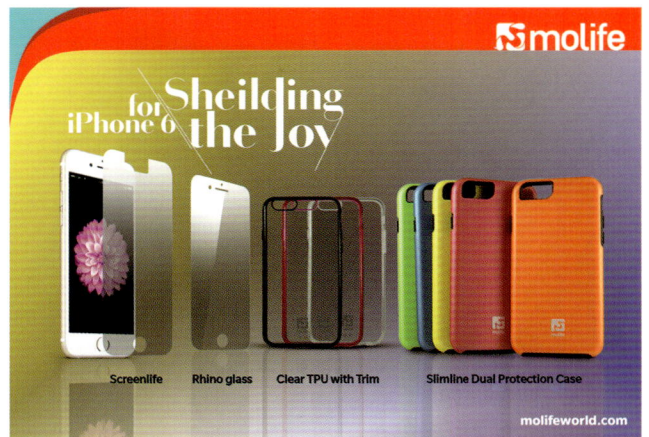

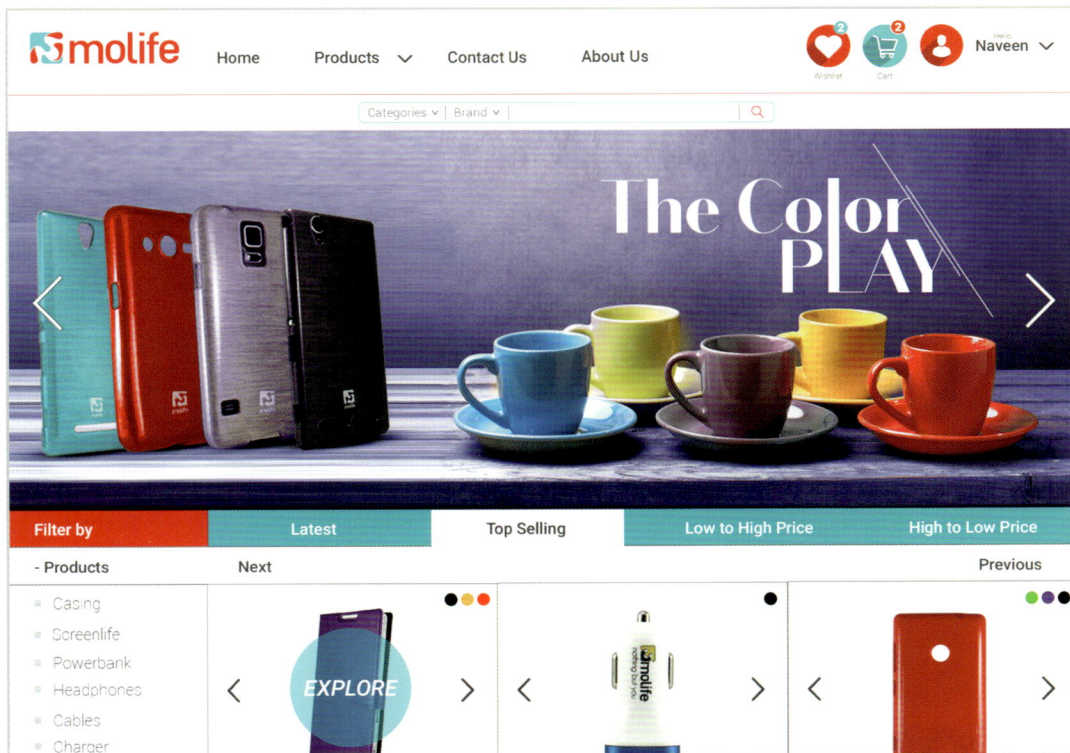

Interactive Group 集成商

Interactive Group 是巴基斯坦的一家 IT&C 集成商,在过去的三十年间,其业务已经从 IT 服务扩展至广播、教育、健康、运输和公共领域。其核心商业价值来源于伊斯兰教徒的家族传承:谦逊、尊重、正直及领导者对人民的责任。

Interactive Group 需要一个更为强大的品牌以应对当前的扩张路线、新的业务挑战和竞争格局,并全面参与到公司发展中,支持他们的远大理想。设计公司为其打造了一个全新、现代、充满生机的视觉识别系统,该系统能够体现技术的改革力量,并可反映巴基斯坦丰厚的文化底蕴。为此,Brandient 将巴基斯坦的民族象征作为其中的设计元素。他们构思出了这个 "Pentacrescent" 图形——一个将五个伊斯兰教的新月标志组合成一个专属星形结构的 3D 图形,一个能够体现多层面、复杂业务

和组织状况的标识,其中有多层象征意义:五个伊斯兰教的新月标志——创建价值和巴基斯坦的骄傲;星形标志——引领改变的渴望;Pentacrescent 的球形侧视图——国际扩张、大同思想、对世界开放。

委托方
Interactive Group

设计公司
Brandient

完成时间
2015

旧品牌形象

这种多形态的动态标识非常适合线上媒体，能极大地改善用户体验，提供简单的多功能交流平台。

INTERACTIVE

"EXCELLENCE" MEANS "EXTRAORDINARY RESILIENCE" IN VERY LARGE SCALE PROJECTS

30 Years Of Fulfilling Hope Through Technology

CMYK 100, 80, 0, 0
RGB 43, 67, 144
HEXA #2B4390

CMYK 100, 25, 5, 0
RGB 0, 132, 195
HEXA #0084C3

CMYK 95, 5, 80, 0
RGB 52, 149, 96
HEXA #349560

CMYK 80, 0, 45, 0
RGB 85, 159, 153
HEXA #559F99

CMYK 100, 25, 5, 0
RGB 0, 132, 195
HEXA #0084C3

CMYK 13, 82, 0, 0
RGB 185, 7, 1455
HEXA #B94C91

CMYK 0, 80, 100, 0
RGB 202, 78, 27
HEXA #CA4E1B

CMYK 0, 35, 85, 0
RGB 231, 176, 65
HEXA #E7B041

CMYK 32, 0, 100, 0
RGB 198, 208, 44
HEXA #C6D02C

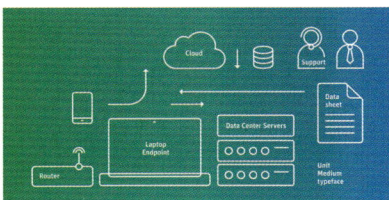

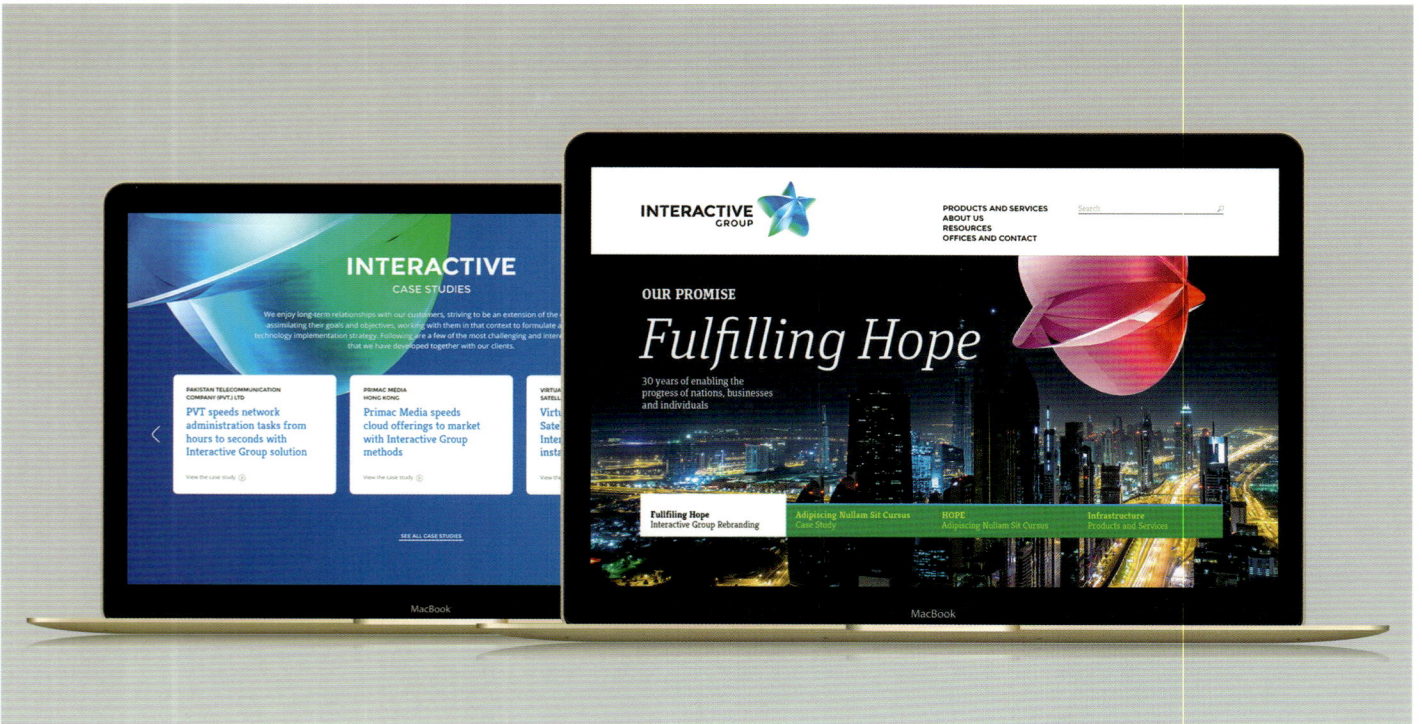

Interactive Group
New ambitions, new brand
OFFER
Turnkey Security & Surveillance Solution for Metro Bus Islamabad
An integrated security and surveillance solution with centralized monitoring and public announcement system
INTERACTIVE GROUP
Fulfilling Hope
ATIF IHSAN
142
INTERACTIVE

INTERACTIVE GROUP
Fulfilling Hope

"HOME MARKET" FOR US IS FROM ISTANBUL TO LAHORE
30 Years Of Fulfilling Hope Through Technology
INTERACTIVE GROUP
Fulfilling Hope

吸引更多 / 新的受众群体

关于这个棘手的问题，设计师的逻辑常常与数据和统计领域的逻辑相对立。通过放大特性，我们从对形式和符号的经验、敏感和直观的分析中得出结论，然后将其与量化数据的真实性进行比较，这也是很多公司的工作方法。同时，我们可以发现，在许多情况下，这两个步骤相辅相成。

但是，品牌设计在一定程度上反映了一些经济问题，因而有必要对下面的这个问题进行思考：品牌升级工作是如何有助于提高公众参与度的呢？

我从不认为，品牌升级工作完成后会出现顾客数量激增的情况，原因有二：一、 单是品牌载体的显著增加是无法实现品牌升级的，因为很少有企业或机构愿意在没有任何深层动机的前提下，参与到这项繁重的工作中。视觉形象的重新设计可以解决公司内部已经确定了的问题，但它只是解决方案的一部分。因此，仅通过品牌升级来量化任何数值的增长是不可能的。二、新视觉形象的发布一定要结合随之产生的商业活动、营销活动和宣传活动。品牌升级常常是一系列举措的开始，这些举措以增加销售额、建立或提高声誉为目标。

我不得不在这里再次提及互补性的问题。策略的改变会滋生升级品牌的想法，产生传达和宣传公司理念的意愿。品牌升级不仅有助于巩固企业或机构的忠实受众，而且还会吸引新的追随者。因此，品牌升级工作可以以不同的方式影响着与品牌紧密联系的社会，从而创造有利条件去解决如下问题：

一、品牌升级可以让你接触到那些你想要接触的人，引入不太通用的语言并赋予品牌以独特个性。通过对品牌领域的全面了解——市场定位、视觉代码、品牌语言、宣传方式——我们可以运用更多的技巧和智慧。

二、妥善的运用将会为公司营造一个宁静祥和的氛围。由于品牌有能力影响公众对一个企业或机构的看法，因此，它可以滋生鼓励受众更加积极地订购企业或机构所提供的产品或服务的可能性。此外，我深信，在品牌推广阶段，给受众带来真实和坦诚的感受是设计师的职责所在。

通过这两种方式，群体观念出现之后，归属感也随即产生。

最后，品牌升级的一个主要优点是阐明信息、组织语言及按优先顺序排列信息。公司运用一种独特、可以理解的语言（图形、文字、视觉和情感）吸引追随者，并与对其感兴趣的公众结成同盟，然后按照自己的节奏拓展目标方向。让我们先来看看本书中呈现的可以很好地支持这一观点的部分案例。

位于巴黎和里昂的 Graphéine 设计公司通过对圣艾蒂安歌剧院进行品牌升级（图1），成功地解决了其想要吸引新观众的问题。这座位于法国中心的城市正在努力从过去的工业影响中恢复过来，近年来，文化（在法国，它是设计的思想源泉）已开始焕发生机。城市内生活着很多受过良好教育且生活富裕的公民，当歌剧院想要设法满足这些观众的需求时，品牌会发挥重要作用。设计公司和歌剧院将古典音乐大众化、利用简单且流行的代码，并撕下某些文化机构的虚饰的外表，鼓励当地群众接受这个具有象征意义的场所。

圣艾蒂安歌剧院 / 设计公司:
Graphéine

位于鹿特丹的 Dumbar 设计公司对 Transavia 的标识代码进行了重新定位（图 2），以此将创新性设计元素引入竞争激烈的欧洲低成本航空市场，尽管那时已有 Saffron 公司为伏林航空升级品牌形象这样的先例。品牌升级可以确保航空公司的旧视觉形象向新视觉形象自然过渡（特别是继续以绿色作为主色调），Dumbar 公司借助品牌升级恢复了这家航空公司提供简单、有趣的旅行体验的初衷。设计公司通过突出其飞机的自动逃生系统和方便的机票预订系统等优势，并引入显而易见的品牌元素（飞机下方的图标，航站楼入口处用其服务的所有国家的语言写着的"欢迎"），向 Transavia 的受众群体传递出一个信号：你做出了最明智的选择。

剑桥开发咨询公司(CDP)的目标是吸引更多的全球客户，并在帕洛阿尔托设置了第一个美国办事处。CDP 意识到，存在了十年之久的品牌已无法彰显自己的野心和能力。因此，Moving brands 设计公司将其品牌故事重新定义为"挖掘潜力"，准确地概括了这家公司的目标和能力，通过创新为客户挖掘潜力（图 3—6）。设计公司保留了原有的品牌名称，因为它是业务建立的基础，但是他们也意识到，名字的长度会在跨应用系统的使用中带来不便。因此，设计公司设计了一个标识，与文字商标共同发挥作用，并可在全球市场中专门用来代表品牌形象。通过对标识的旋转和剪裁来形成最终的图形结构，从而产生一系列表现形式，从慎重、准确到活泼、富于表现力。主要信息采用

Transavia 航空公司 / 设计
公司：Studio Dumbar

Cambridge Design Partnership >  CAMBRIDGE DESIGN PARTNERSHIP

3

Pressura Mono 字体，而大段文字或引述则辅以更为人性化的 Kefa II Pro 字体。拍摄风格集中在团队精神上，突出他们的专业性，展现公司的创新能力，展示产品的人文效益。新品牌成功地明确了 CDP 的意图和期望，为公司的持续发展提供支持。

剑桥开发咨询公司 / 设计
公司：Moving brands

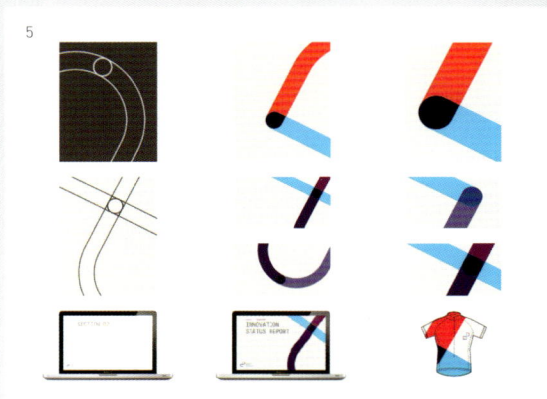

圣艾蒂安歌剧院

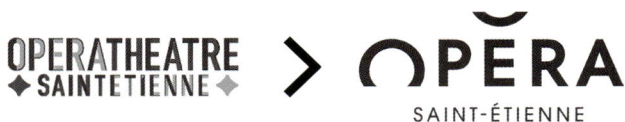

在 2014—2015 年度，圣艾蒂安歌剧院举办了近 60 场演出

在 2014—2015 年度，圣艾蒂安歌剧院举办了近 60 场演出，它是一个体现文化重要性的标志性建筑，并在城市文化生活中发挥着主导作用。歌剧院主要演出 19 世纪的法国浪漫主义剧作，也会为其他艺术形式（音乐、舞蹈等）提供演出平台。为了吸引更多的年轻观众并推出特别、丰富、多样的演出，赞助商希望通过一种简单、常用的传播方式重新找回一种与圣艾蒂安市民的亲密感。该项目的主要创新是将歌剧院的名字由 "Opera Theater" 改为 "Opera of Saint-Étienne"，以此体现歌剧院是具有历史意义的公共场所，同时表明其潜在的目标观众。

在新标识中，字母 "E" 上方通过重音符号强调该音节，这个重音符号和类似建筑屋顶的弧形图案共同装饰着 "opera" 一词。字母 "O" 的形状可以让我们联想起歌唱时的嘴巴，同时还可表现出强烈的情感色彩，如惊讶、赞叹、欢喜等。歌剧通过剧情发展将音乐和舞蹈紧密地联系起来，它可能是肢体动作、音符节奏或者只是这两种艺术形式激发的情感。新标识的巧妙之处在于

字母 "O" 和重音符号之间的视觉设计技巧，看上去就像是字母 "O" 随着重音符号的出现而逐渐消失。这才是歌剧院的魔力！

为了新标识的首次亮相，设计师们想出了一种简单、易懂的宣传方式，即利用歌剧院所有员工的照片。新标识展示的是剧院工作人员一张张带着笑容和惊喜表情的面孔，仿佛好奇的观众睁大眼睛窥探着歌剧院内部的景象。因此，标识设计旨在重新建立起圣艾蒂安市民与热门文

委托方
Saint-Étienne Opera House

设计公司
Graphéine

完成时间
2016

O E

OPĚRA
SAINT-ÉTIENNE

OPĚRA SAINT-ÉTIENNE
OPĚRA SAINT-ÉTIENNE
OPĚRA SAINT-ÉTIENNE
OPĚRA SAINT-ÉTIENNE
OPĚRA SAINT-ÉTIENNE
OPĚRA SAINT-ÉTIENNE
OPĚRA SAINT-ÉTIENNE
OPĚRA SAINT-ÉTIENNE

ITC AVANT GARDE GOTHIC PRO

ABCDEFGHIJKLMNOPQRSTUVWXYZ
abcdefghijklmnopqrstuvwxyz
0123456789

Ut enim benefici liberalesque sumus, non ut exigamus gra tiam (neque enim beneficium faeneramur sed natura prom pensi ad liberalitis eius fructus in ipso amore inest, expete endam putamus benefici liberalesque sumus.

Ut enim benefici liberalesque sumus, non ut exigamus gratiam (neque enim beneficium faeneramur sed natura propensi ad liberalitatem sumus), sic amicitiam non spe mercedis adducti sed quod omnis eius fructus in ipso amore inest, expetendam putamus.

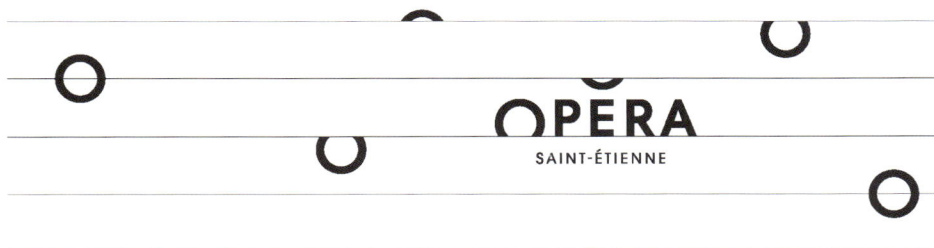

UT ENIM BENEFICI LIBERALESQUE SUMUS, NON UT EXIGAMUS GRATIAM (NEQUE ENIM BENEFICIUM FAENERAMUR SED NATURA PROPENSI AD LIBERALITATEM SUMUS), SIC AMICITIAM NON SPE MERCEDIS ADDUCTI SED QUOD OMNIS EIUS FRUCTUS IN IPSO AMORE INEST, EXPETENDAM PUTAMUS.

OPĚRA
SAINT-ÉTIENNE

化场所之间的亲密感。宣传活动的标语是"Et la magie opéra……"（"神奇的歌剧……"），这在法国是"operate"与"opera"两词之间的双关语用法。

该项目的特别之处在于宣传册中的每个章节的开头都可充当分隔栏使用。宽度不超过 4 厘米的宣传册中插入了一系列的人物肖像。宣传册的页面宽度较小，因而有助于人们阅读，方便他们快速地找到节目章节。

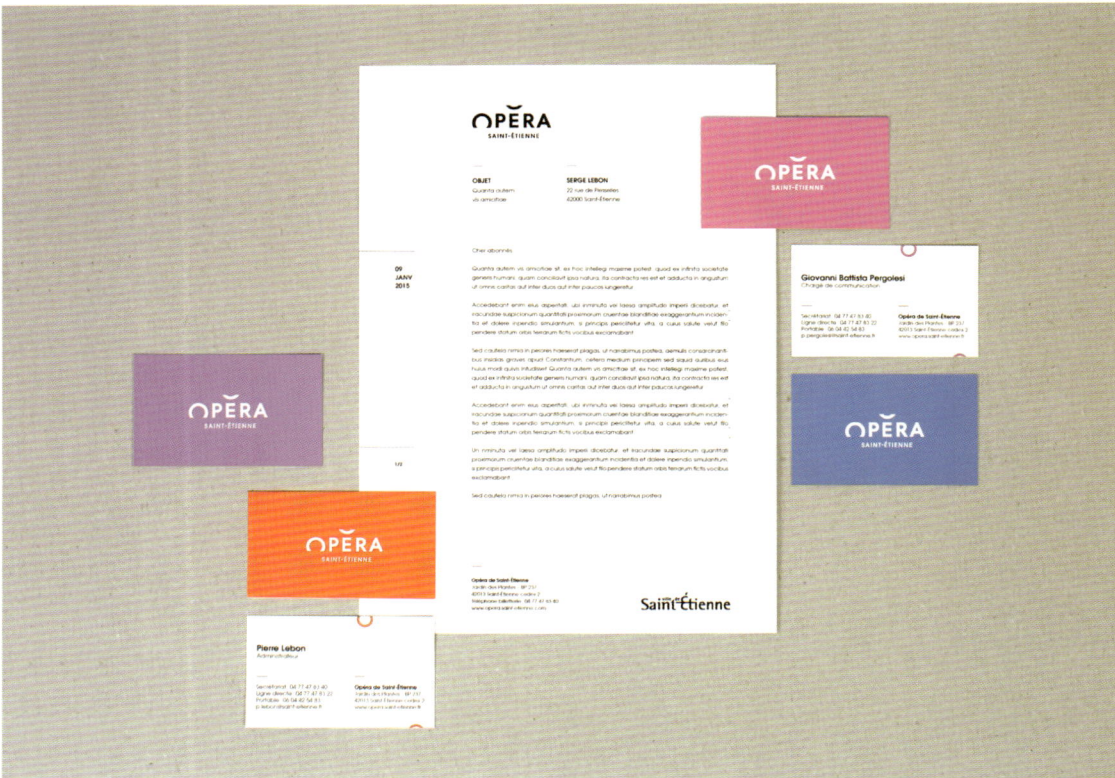

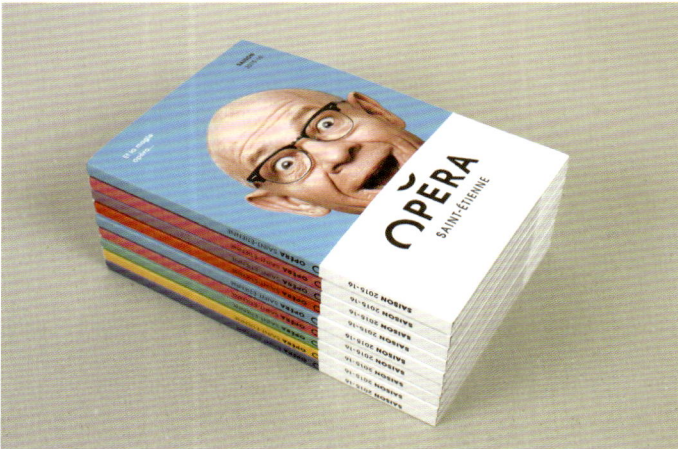

Et la magie
opéra...

Saint-Étienne

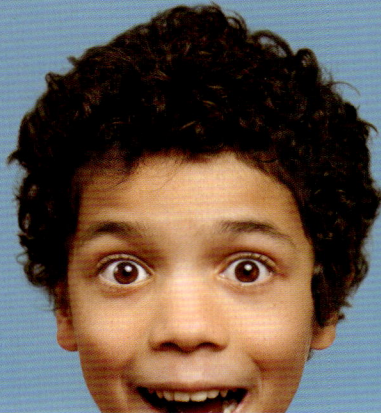

⊙PÉRA

SAINT-ÉTIENNE

SAISON
2015-16

Informations
opera.saint-etienne.fr
04 77 47 83 40

Loire   Casino
EDF Mercure stas

Et la magie
opéra...

Saint-Étienne

⊙PÉRA

SAINT-ÉTIENNE

SAISON
2015-16

Informations
opera.saint-etienne.fr
04 77 47 83 40

Loire   Casino
EDF Mercure stas

Et la magie
opéra...

Saint-Étienne

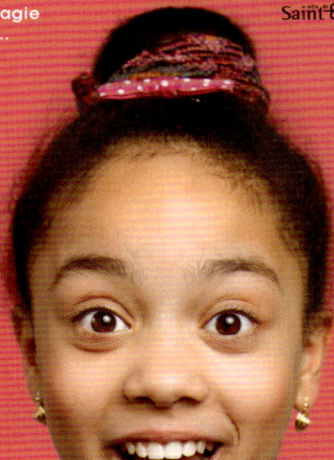

⊙PÉRA

SAINT-ÉTIENNE

SAISON
2015-16

Informations
opera.saint-etienne.fr
04 77 47 83 40

Loire   Casino
EDF Mercure stas

Et la magie
opéra...

Saint-Étienne

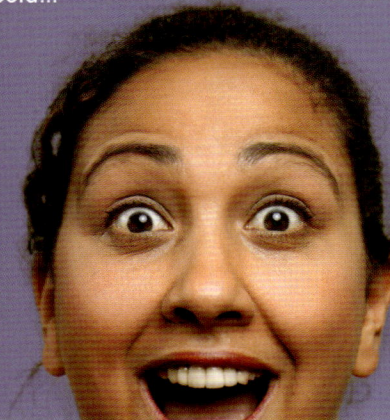

⊙PÉRA

SAINT-ÉTIENNE

SAISON
2015-16

Informations
opera.saint-etienne.fr
04 77 47 83 40

Loire   Casino
EDF Mercure stas

Caption: The new logo's inauguration campaign: the slogan "And the magic opera(te)..." is a pun in France between the word "operate" and "opera".

Transavia 航空公司

作为法航荷航集团旗下的一家公司，Transavia 航空公司在荷兰和法国拥有 6 个基地，包括在荷兰阿姆斯特丹史基浦机场和法国巴黎奥利机场的主要基地。Transavia 航空公司的理想是成为在接待与服务方面领先的欧洲航空公司，其核心目标是增加新航线，吸引商务旅客和休闲旅客，打造一个强大的线上品牌。

品牌升级是一个将公司战略、电子商务和品牌设计整合在一起的过程。Transavia 航空公司与 Mirabeau 数字公司合作，着手打造一个新的电子商务平台，用以增加辅助产品销量、改善航班的换乘、降低运营成本。在明确了重新定义 Transavia 航空公司定位和视觉形象（符合

Mirabeau 数字公司的电子商务战略和概念）的需要后，Studio Dumbar 设计公司也应邀加入了这个团队。

Studio Dumbar 设计公司从展现新定位入手，其中两个重要的变化是将名字由 transavia.com 改为 Transavia，并将"这是我们的荣幸"作为公司的指导性原则。整体设计有趣、易懂、灵活，其中一个特点是应用在 Transavia 航空公司飞机下方的图标，机群中每架飞机所使用的图标组合各不相同。另一个标志性特色是在机场入口旁边用 Transavia 公司所服务的所有国家的语言分别写着"欢迎"。

委托方
Transavia

设计公司
Studio Dumbar（品牌形象），Mirabeau（网站）

完成时间
2015

Nexa XBold

Aa abcdefghijklmnopqrstu vwxyz ABCDEFGHIJKL MNOPQRSTUVWXYZ 0123456789

Nexa Book

Aa abcdefghijklmnopqrstu vwxyz ABCDEFGHIJKL MNOPQRSTUVWXYZ 0123456789

آهلاً وَ سهلاً
Welcome
Bem-vindo
Bienvenidos
Bienvenue
Benvenuto
Willkommen
Καλώς ήρθατε
Welkom
Hoş geldiniz
Velkommen
Dobrodošli
ברוכים הבאים
Vítáme vás
Добре дошли
Üdvözöljük
Bienvenue
Welcome
Bem-vindo
Bienvenidos
آهلاً وَ سهلاً
Benvenuto
Willkommen
Καλώς ήρθατε

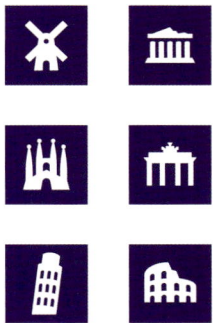

Malaga Alicante
Barcelona Innsbr

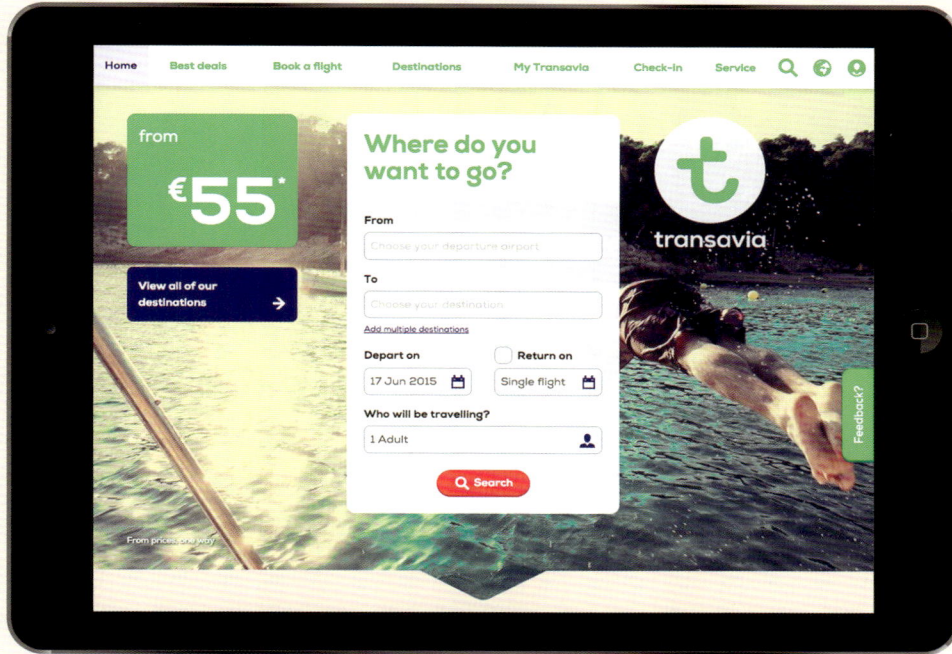

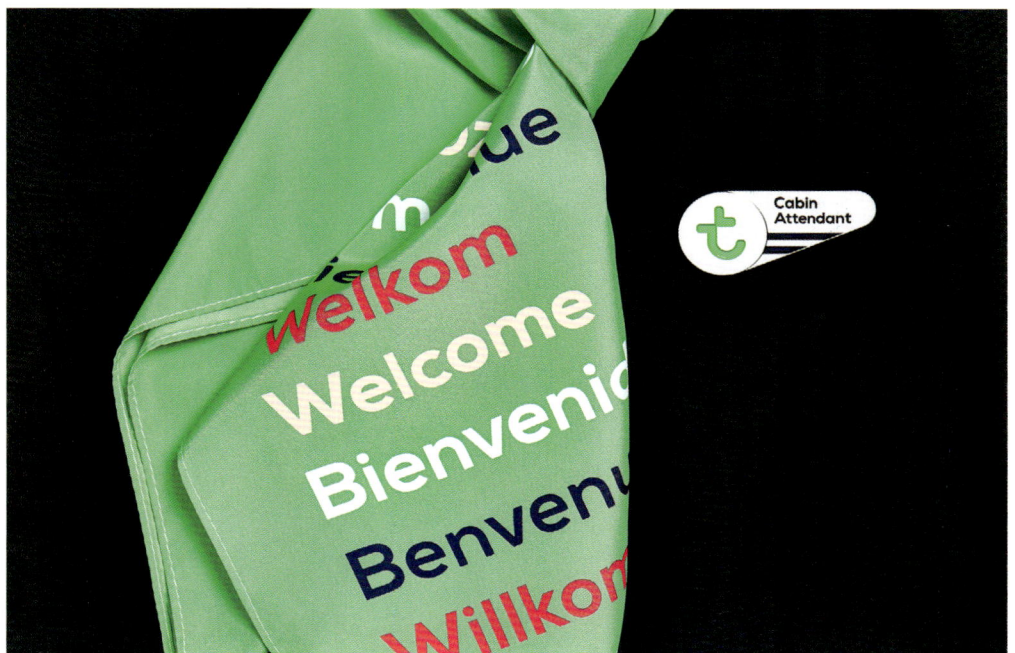

LOS 40 音乐电台

LOS 40 是世界排名前40位的流行音乐电台之一，在全球超过 15 个国家内运营。如今，品牌消费群体在收听音乐、广播和消费内容的方式上发生了巨大的变化，因此，该品牌也需实现现代化转变。其中很重要的一点是制定出一个专注于扩展 LOS 40 数字化范围的新战略，开发可以满足用户全天需求的创新内容。作为领导者，该品牌需要制定一个能够赢得新观众和消费者支持，并且对广告商更有吸引力的更加数字化和现代化的品牌战略。Gold Mercury 国际设计公司负责制定新的战略和品牌追求，并将其定位为数字娱乐、视听内容和音乐活动的全球领导者。

品牌名称由 "Los 40 Principales" 简化为 "LOS 40"，并将其作为更现代化的数字娱乐的一部分。停止使用 Principles 一词的原因在于, LOS 40 的目标远不止跻身前 40 位排名。同时，与该标志性品牌相关的所有元素都进行了改变，但是品牌根本的多彩性质（彩虹）以某种形式保留了下来，因为它是该品牌的一个可辨识性元素。与此

委托方
PRISA RADIO

设计公司
Gold Mercury
International

完成时间
2016

同时，设计公司还采用了使系统更加灵活的单色或双色标识。新品牌以同样独特的图形风格融合了"LOS"一词，以使品牌名称在所有应用程序和公司经营的所有公司中达到统一。

LOS 40 的新品牌标识是一种多色丝带效应，象征着文化、多样性、全球音乐和无国界娱乐之间的联系，体现了品牌真实的国际影响力。该品牌的业务遍及多个国家，在音乐娱乐领域有着极大的发展潜力。丝带还暗指各代人之间的联系和纽带，他们一同享受音乐、内容和活动。

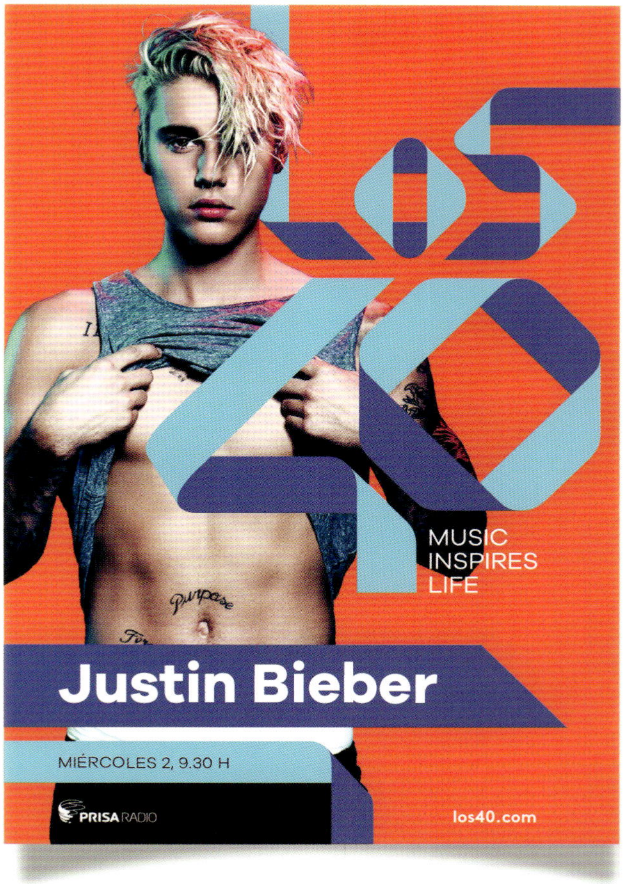
MUSIC
INSPIRES
LIFE
Justin Bieber
MIÉRCOLES 2, 9.30 H
PRISA RADIO
los40.com

Rihanna multicolor
VIERNES 4,
A LAS9.30 H
MUSIC
INSPIRES
LIFE
PRISA RADIO
los40.com

MUSIC
INSPIRES
LIFE
¡Rihana se destapa!
MIÉRCOLES 2, 9.30 H
los40.com

芬兰设计博物馆

DESIGNMUSEO > designmuseo

为了给这家具有前瞻性的博物馆打造一个全面的访客体验，赫尔辛基的设计博物馆选择与 Bond 设计公司合作开展一个多年的品牌发展项目，旨在提高博物馆的知名度，全面改善访客体验。博物馆意识到，仅设计一个新标识远远不够，还需进行一系列品牌升级活动，涵盖从展览设计、博物馆场址到市场营销和网页设计等一切相关内容。该项目内容还包括品牌形象的重新设计。

新形象的设计灵感来源于芬兰设计的黄金时代。设计团队希望为博物馆打造一个自信且强大的视觉风格。新标识将现代根基与当前形象结合

设计博物馆

起来，作为这个独特设计语言的基础。事实证明，该博物馆吸引了近一半来自芬兰以外国家的游客，而且他们都非常喜欢更新后的品牌。

委托方
Design Museum

设计公司
Bond Creative Agency

完成时间
2014

摄影师
Angel Gil, Paavo Lehtonen

旧品牌形象

designmuseo

designmuseet

design museum

design shop

design club

design ilta

designmuseo
iittala

designmuseo
arabia

designmuseo
nuutajärvi

designmuseo   designmuseo

Henrik Vibskov

Henrik Vibskov

Henrik Vibskov

Henrik Vibskov

Henrik Vibskov

Henrik Vibskov

Henrik Vibskov

24.1.–11.5.2014   24.1.–11.5.2014

Henrik Vibskov

Henrik Vibskov

Henrik Vibskov

Henrik Vibskov

Henrik Vibskov

Henrik Vibskov

Henrik Vibskov

Fashion + Installations

Avoinna: ti 11–20, ke–su 11–18, ma suljettu
Öppettider: Ti 11–20, Ons–Sön 11–18, Mån stängt | Opening hours: Tue 11–20, Wed–Sun 11–18, Mon Closed

Design Museum   2014
Typography

Circular Pro

AaBbCcDdEeFfGg
0123456789

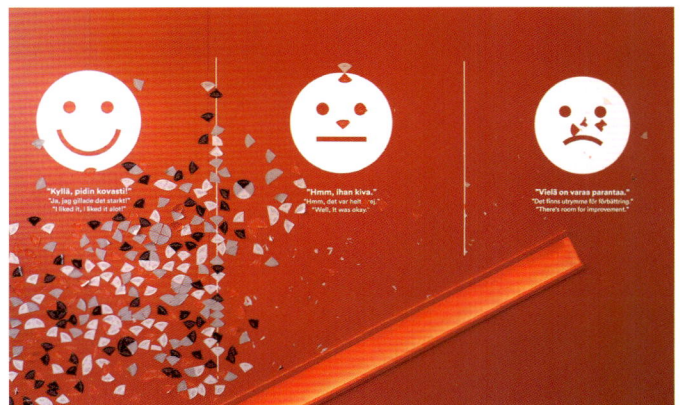

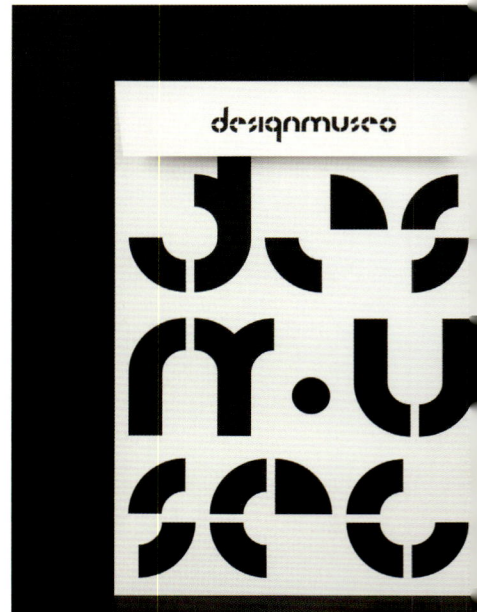

24.1.–11.5.2014

WC
Toaletter
Toilets
Hoitopöytä
Skötbord
Changing table
Esteetön WC
Tillgänglig toalett
Accessible toilet
Studio
Studio
Studio

El Gourmet 烹饪网站

先前的品牌价值优点是味道纯正、美观、高品质、知识渊博、与众不同，并有地域文化特色，缺点是冷淡、迟缓、谄媚、沉寂、疏远且自恃过高。品牌升级的目标是在不失去使其成功的品质的前提下提高收视率，增添温暖、包容、轻快、真实、鲜明、亲近的品牌价值。设计团队致力于打造感官的满足感，采用代表美好生活、状态、创新、味道纯正、平稳安静的宣传风格，而且非常注重美学表现手法。新设计旨在吸引更多的观众，在不失其专业权威性的前提下，提供烹饪参考，且更为亲近观众。

委托方
Pramer

设计公司
Eloisa

完成时间
2013

C: 40	R: 190			C: 0	R: 255	C: 0	R: 255
M: 0	G: 215			M: 5	G: 225	M: 50	G: 156
Y: 100	B: 0			Y: 100	B: 0	Y: 100	B: 0
K: 0	#BED700			K: 0	#FFDE00	K: 0	#FF9C00

C: 40 **R: 190**
M: 0 **G: 215**
Y: 100 **B: 0**
K: 0 #BED700

Pantone DS 302-2 U

C: 0 **R: 255**
M: 5 **G: 225**
Y: 100 **B: 0**
K: 0 #FFDE00

Pantone DS S-4 U

C: 0 **R: 255**
M: 50 **G: 156**
Y: 100 **B: 0**
K: 0 #FF9C00

Pantone DS 32-1 U

C: 0 **R: 255**
M: 75 **G: 100**
Y: 100 **B: 0**
K: 0 #FF6400

Pantone DS 49-1 U

C: 5 **R: 236**
M: 100 **G: 41**
Y: 60 **B: 65**
K: 0 #EC2941

Pantone DS 98-1 U

C: 100 **R: 0**
M: 80 **G: 31**
Y: 25 **B: 114**
K: 40 #001F72

Pantone DS 186-1 U

C: 70 **R: 80**
M: 0 **G: 195**
Y: 100 **B: 40**
K: 0 #50C328

Pantone DS 290-1 U

C: 25 **R: 0**
M: 25 **G: 0**
Y: 25 **B: 0**
K: 100 #000000

Pantone DS Process Black U

C: 10 **R: 210**
M: 100 **G: 20**
Y: 100 **B: 25**
K: 0 #CF1419

Pantone DS 74-1 U

C: 40 **R: 90**
M: 80 **G: 40**
Y: 90 **B: 10**
K: 60 #5A280A

Pantone DS 318-3 U

C: 42 **R: 103**
M: 68 **G: 65**
Y: 82 **B: 42**
K: 43 #67412A

Pantone DS 318-2 U

elgourmet

elgourmet

elgourmet

YA COMIENZ

En casa, con Maru

MAS TARDE

+ Chocolate

En casa, con Maru
MIERCOLES 22.30

G
elgourmet

YA COMIENZA

Enchilarte

HOY

ESTA NOCHE

22.30 COL ECU **23.30** VEN **23.00** CHI

Los fuegos en París
con Francis Mallmann

18.00
En casa, con Maru

MENU POR DOS

Un nuevo espacio con todas las novedades en materia de ingredientes, utensilios y productos relacionados al mundo de la gastronomía.

Los autenticos Petersen
LUNES 20.30

G
elgourmet

DONAT

Donato ofrece las recetas más clásicas de la pastelería y la repostería de Italia, como la sfogliatella napolitana, los biscottis, las masitas fritas pasadas por miel, la torta de almendras y otras tantas que recordarán los sabores de la nona.

Dolce Italia. Con Donato
LUNES 22.30

G
elgourmet

VIER
17.00

苏黎世格罗斯大教堂

苏黎世的格罗斯大教堂有着悠久的历史，这里是瑞士宗教改革和苏黎世圣经的发源地。800多年以来，教堂内著名的双塔一直是苏黎世城市天际线的标志。教堂理事找到 Moving Brands 设计公司来帮助教堂真实地展现自己，以便可以继续吸引访客，并让当地人有一种归属感。

该项目的色彩搭配受到了世界闻名的彩色玻璃窗的影响，字体和版式风格源于苏黎世圣经中的排版。灵活的插画系统与大教堂的独特建筑保持着一种独特的联系，插画风格既有简洁优雅的（比如用于宗教宣传的插画），也有极富张力的（例如体现充斥着人群和音乐的教堂的鲜明色彩）。灵活的品牌形象在保持与教堂丰富文化底蕴联

系的同时，为大教堂吸引了大量的观众。品牌故事和标识亦在现实中得以展现，人们可以在大教堂网站的登录页面上看到。

委托方
Grossmünster Church

设计公司
Moving Brands

完成时间
2016

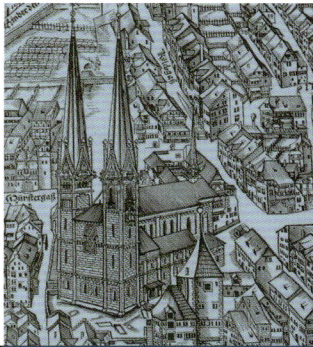

Home to history and hope,
music and silence,
words and The Word,
audiences and the individual,
the sacred and the social.
A home for all.

Shortform story

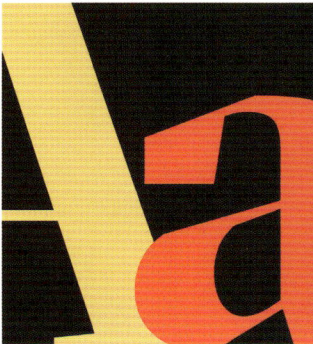

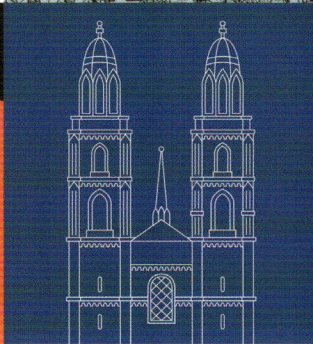

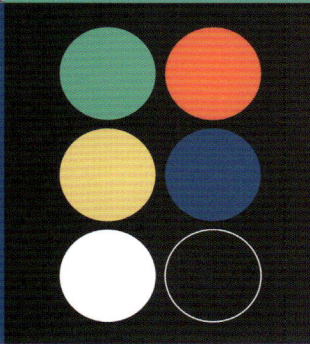

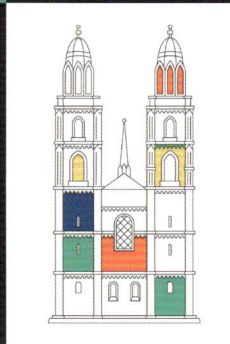

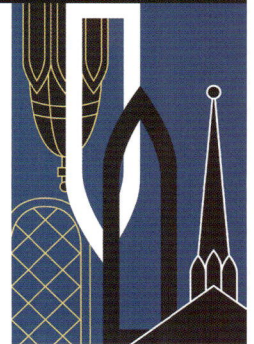

Gottesdienst
Sonntag 28 June 2015, 10.00 Uhr

GROS SMÜN STER

Das Salz der Erdev
Predigt zu Matthaus 5, 13-16

Sammlung und Anbetung
Eingangsspiel — Paul Muller-Zurich, *Tocata uber Mein ganzes Herz erhebet dich*

Eingangswort/Begrussung
Gemeindelied — 92, 1-3 "Mein ganzes Herz erhebet dich..."
Gebet
Lied — 406, 1-2.4 "Du Morgenstern, du Licht vom Licht, das durch die Finsternisse bricht..."

Verkundigung
Bittwort
Lesung — Jesaja 51, 11-16
Lied — 430, 1-4 "Gott aus Gott und Licht aus Licht..."
Predigt zu Matthaus 5, 13-16

"Ihr seid das Salz der Erde. Wenn aber das Salz fade wird, womit soll man dann salzen? Es taught zu nichts mehr, man wirft we weg und die Leute zertreten es. Ihr seid das Licht der Welt. Eine Stadt, die oben auf einem Berg liegt, kann nicht verborgen bleiben. Man zundet auch nicht ein Licht and und stellt es unter den Scheffel, sondern auf den Leuchter. Dann leuchtet es allen im Haus. So soll euer Licht leuchten vor den Menschen damit sie eure guten Taten sehen und euren Vater im Himmel preisen."

GROS SMÜN STER

Christoph Sigrist
Kirchgasse 15, 8001 Zurich
T +41 (0)44 250 66 65
E christoph.sigrist@zh.ref.ch

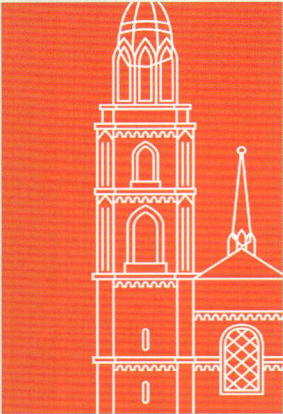

GROS SMÜN STER

Christoph Sigrist
Kirchgasse 15, 8001 Zurich
T +41 (0)44 250 66 65
E christoph.sigrist@zh.ref.ch

The twin towers of the Grossmunster are regarded as perhaps the most recognized landmark in Zurich. *Huldrych Zwingli initiated the Swiss-German Reformation in Switzerland* from his pastoral office at the Grossmunster, starting in 1520.

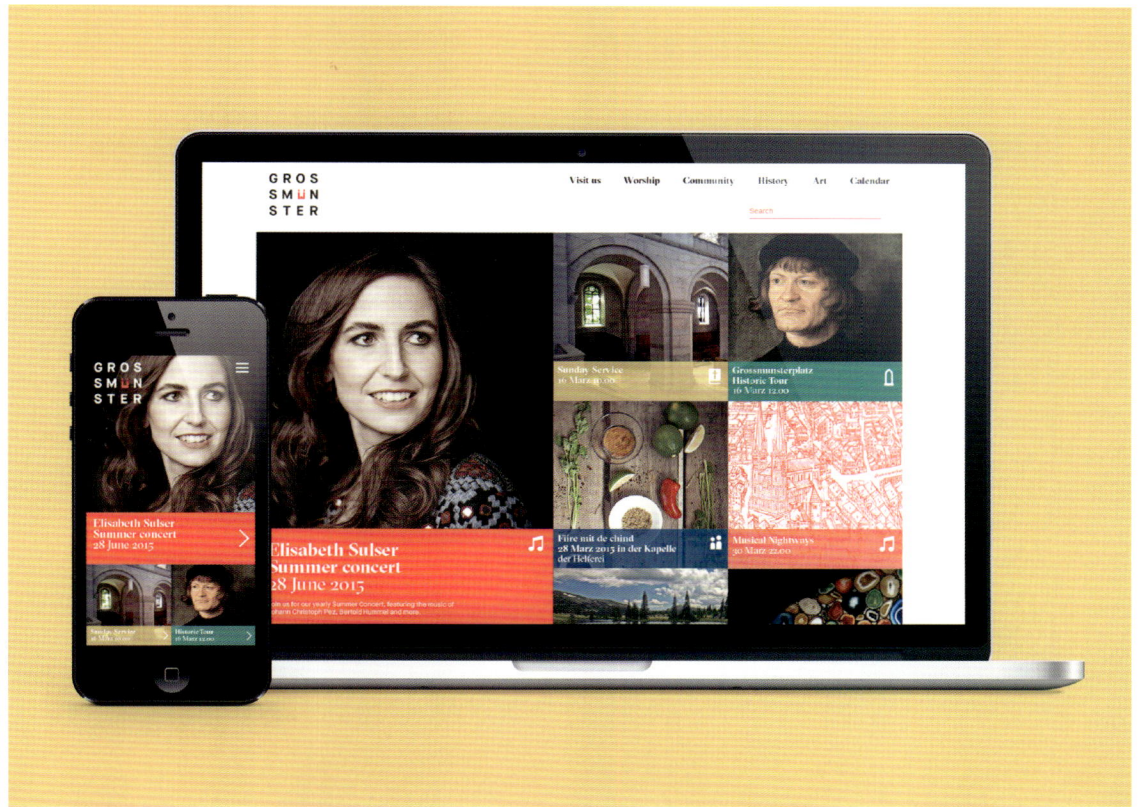

欧洲艺术和古董博览会

艺术博览会和拍卖行负责组织活动，收藏家和艺术品商人负责交易。新兴经济下的新买家推动了全球艺术品市场的发展，这也使艺术品玩家意识到需要推出一个强势而专注的品牌。尽管没有佳士得拍卖行和索斯比拍卖行那么受欢迎，但是欧洲艺术和古董博览也迎来了作为世界主要艺术博览会 25 周年的纪念日。博物馆、收藏家和投资者每年都会在这一"艺术品和古董"的盛会上购买收藏品。但是，该博览会的形象已经过时了，远不能体现博览会的高雅性和复杂性。

在欧洲艺术和古董博览会上展出便是将艺术品放在全球聚光灯之下，因为博览会专家团队的标准非常苛刻，他们拥有的鉴定什么是艺术的独到眼光与现有标志（天生拥有敏锐之眼的猎鹰）不太相符。设计公司更新了标识，使这种高贵的鸟

委托方
TEFAF Maastricht

设计公司
Brandia Central

完成时间
2013

类显得更为现代和高雅。新标识的设计灵感来源于新字体的外形。设计公司保留了现有对角线，将其作为贯穿整个平面设计的视觉引导。主色调——红色——显得更为鲜艳和自信。新纹理的设计强调了品牌的复杂性和对艺术品的推广。

如今，欧洲艺术和古董博览会的视觉体验更为完整和连贯。升级后的品牌与博览会的气氛很好地融为一体。包括年度展品目录在内的宣传物品的设计均符合该品牌理念：即成为艺术界最重大的活动，并吸引更多的到访者和投资者。

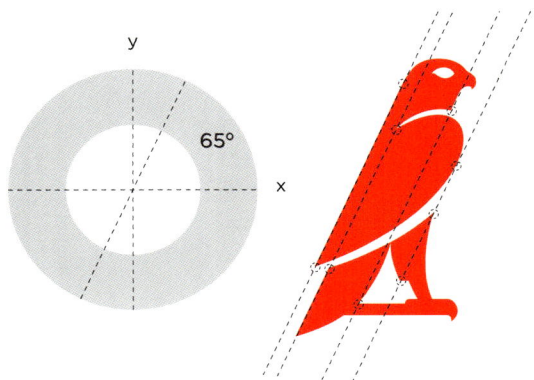

Pantone 1797 C
C0 M100 Y95 K0
R227 G27 B35

Pantone Black C
C0 M0 Y0 K100
R35 G31 B32

TEFAF MAASTRICHT

TEFAF MAASTRICHT

GOTHAM
abcdefghijklmnopqrstuvwxyz
ABCDEFGHIJKLMNOPQRSTUVWXYZ
1234567890 (!"#$%&/?*)

TEFAF MAASTRICHT

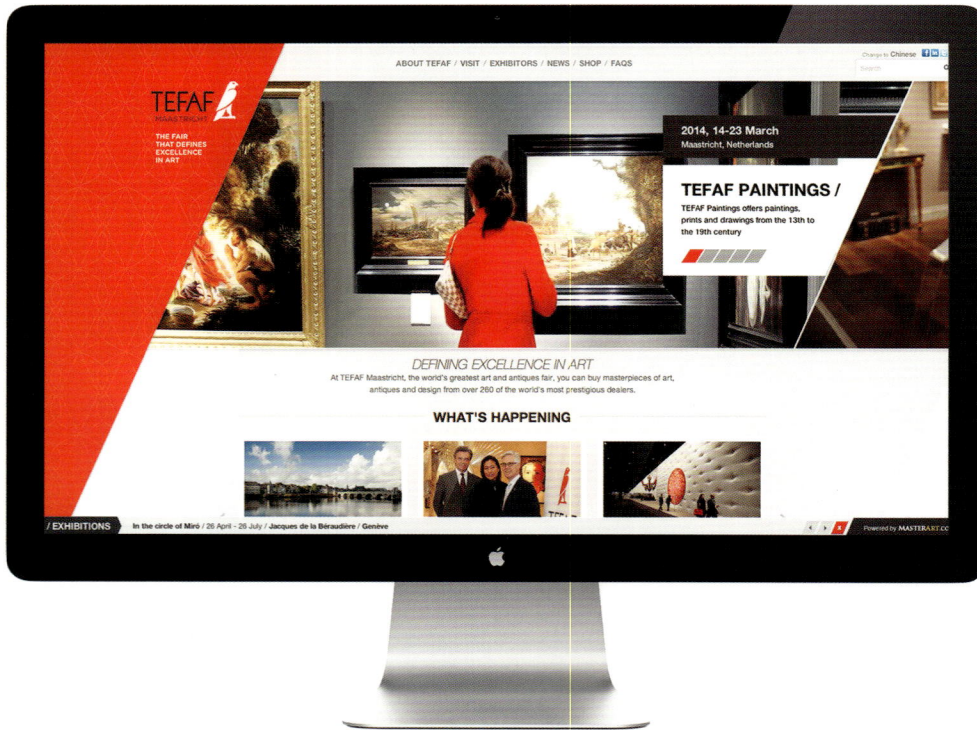

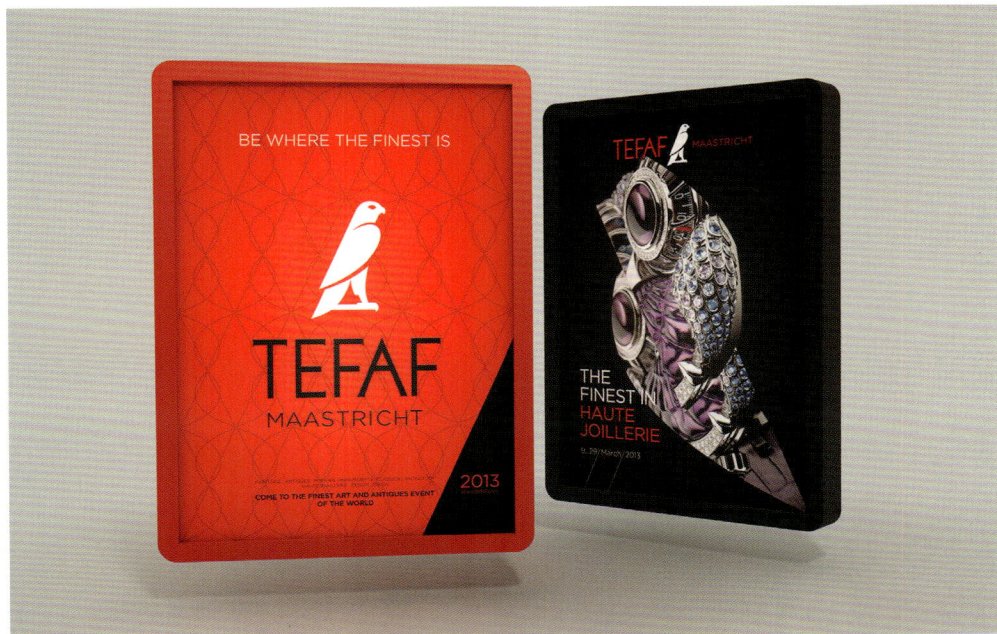

Street Soccer Canada 体育机构

Street Soccer Canada 是一家为流浪者和弱势人群安排足球运动的非盈利性机构。他们资助的这些人被视为对社会有负面影响的群体，因此，这家机构很难找到捐助者和企业赞助商。为了获得出资方的支持，该机构的品牌战略围绕着"开始改变"这一理念展开。

该机构的核心战略是讲述这些人为自己的目标而努力奋斗的故事，让出资方了解他们无家可归的窘境。因此，品牌平台——首先是网站——是围绕这些人的故事建立的。设计公司用这些人的言语记录他们的经历，如今该机构的网站上还发布了这些人的照片。同时，照片上还覆有充满活力、不拘一格的图案——使人联想到国际"俱乐部"的球衣，品牌设计意在突显帮助恢复这些边缘化人员的生活的社会力量。为了对该机构帮助过的个体进行展现，设计公司跟随七位球员参加了流浪者世界杯（Street Soccer Canada 自 2004 年起便开始参加这个国际盛会），进而拍摄了《Kickstart》这个简短的纪录片，意在鼓励那些观看者支持流浪者的积极改变。设计公司为 Street Soccer Canada 打造的标识适合该机构的各个区域组织，从而替代他们先前使用的不同标识和外观。统一的品牌形象使 Street Soccer Canada 在媒体和社会媒体平台上拥有更大的影响力。在筹备 2015 年流浪者世界杯期间，该机构通过社会平台发起了一场众筹活动，利用品牌推广设计为球队筹集旅行经费。

该项目涉及品牌战略、品牌标识、推广宣传、服装、数字化设计、内容策略、社会媒体、公共关系和活动策划方面的内容，这些内容也为设计公司带来荣誉，帮助其获得外界的认可。在过去一年中，这项设计获得了 Applied Arts 奖和 Redgees 奖。

委托方
Street Soccer Canada

设计公司
Parcel Design

完成时间
2015

KICKSTART CHANGE

BLACK
C0 M0 Y0 K100
R0 G0 B0

WHITE
C0 M0 Y0 K0
R255 G255 B255

PANTONE WARM RED
C0 M75 Y60 K0
R255 G104 B94

PANTONE 318
C51 M0 Y16 K0
R103 G216 B223

PANTONE 381
C32 M0 Y97 K0
R185 G215 B56

Sometimes, all it takes is one small step to get the ball rolling—through the positive influence of physical exercise and new friendships, Street Soccer Canada is helping people move past life's more dire circumstances and make a play for their goals.

Aleo Light

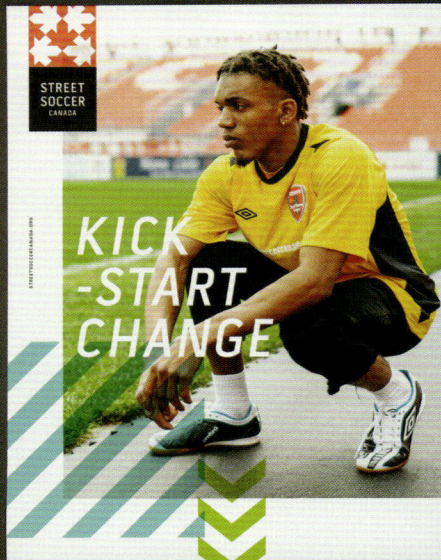

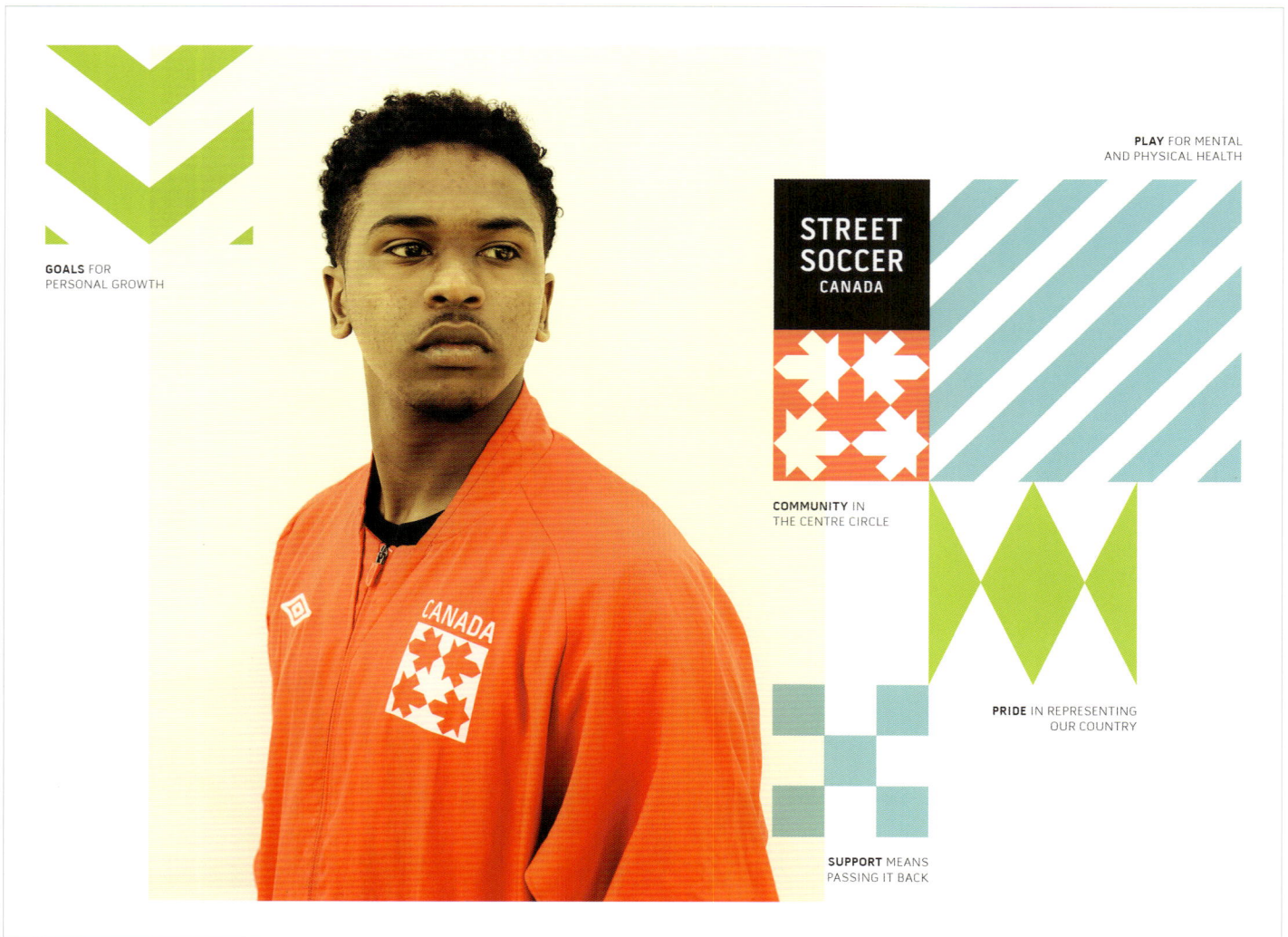

GOALS FOR
PERSONAL GROWTH

PLAY FOR MENTAL
AND PHYSICAL HEALTH

STREET
SOCCER
CANADA

COMMUNITY IN
THE CENTRE CIRCLE

PRIDE IN REPRESENTING
OUR COUNTRY

SUPPORT MEANS
PASSING IT BACK

大都会艺术博物馆

大都会艺术博物馆是纽约的一个标志，也是一个主要的旅游景点，这里每年会接待 600 万访客，在线访问量也多达数百万。但是博物馆的存在并不是一成不变的，其观众的行为态度正在发生改变：他们的注意力更加分散，会通过线上和线下探索世界，想要参与其中和与其交流的愿望也越来越强烈。全球危机使世界感受到了更多的不确定性，艺术也因而被视作可有可无的东西。世界各地的博物馆都在考虑如何应对这些变革，走在变革的前面。因此，美国大都会艺术博物馆决定采取行动，进行自我发展，并委托 Wolff Olins 设计公司帮助他们扩大受众人群，探索如何在不断变化的格局中不忘初衷。

当人们看到美国大都会艺术博物馆的视觉标识时，便开始了他们与该品牌的第一次互动。第一次互动实际上是下意识的，因此视觉标识应当在保持庄重的同时，给人一种热情的感觉。另外，博物馆需要一个可辨识的形象设计系统，使其能够在第一时间触动不同的观众，并适用于不同的地点和宣传方式，而不只是依靠单一的符号。

设计公司决定为该博物馆打造一个更易于所有人理解的形象系统，而不只是博物馆爱好者。例如，选用的照片和插画风格都不再是过于正式的静态元素，还强调了博物馆在人们的日常生活中扮演的角色：用一种朴实、动态的方式感知

委托方
The Met

设计公司
Wolff Olins

完成时间
2016

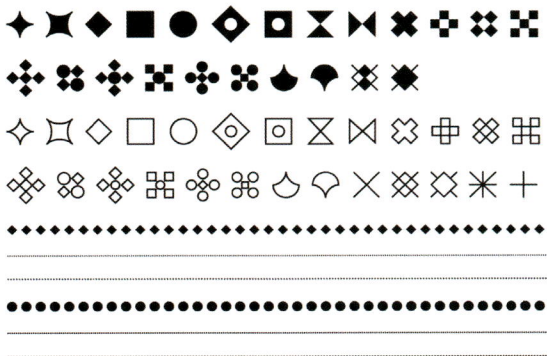

The Met Sans Light
The Met Sans Regular
The Met Sans Semibold
The Met Sans Bold
The Met Serif Roman
The Met Serif Semibold
The Met Serif Bold

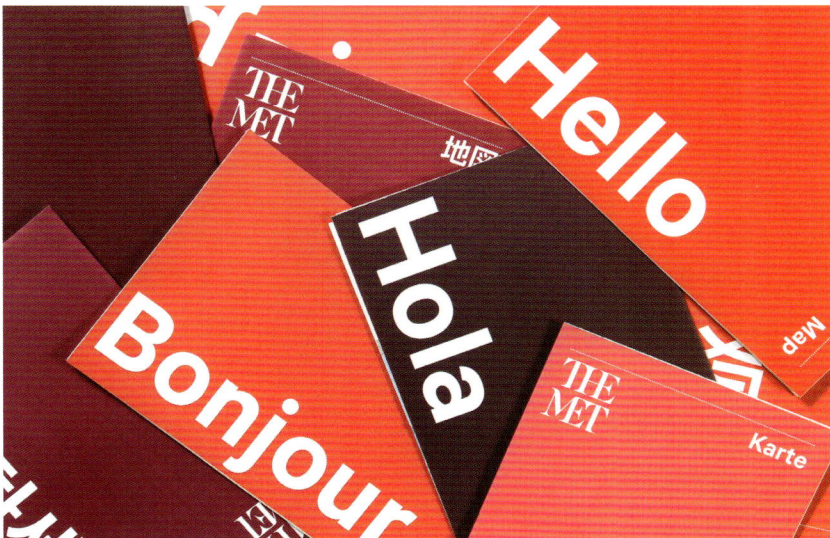

艺术、建筑、访客体验和幕后活动。设计公司一开始便已决定使用 "The Met" 这一常用的名字，因为这个名字看起来更为直接、热情。他们选用红色作为该系统的基础色，因为红色在许多不同的文化中都是热情和活力的永恒象征。

Wolff Olins 设计公司与博物馆的设计团队合作打造了一个健全、连贯的标识系统。版式上衬线字体与无衬线字体并存，传播方式从古板转向亲切。此外，还将从博物馆的建筑和收藏品中汲取灵感的装饰性元素用作图案或线条，或是用来突出重要的文字。标识符号是一种传达品牌理念的设计，受贯穿整个博物馆、跨越时空与文化及人们与艺术之间的联系的战略需求所影响。

标识设计将字母都串联在一起，并有意将衬线字体和无衬线字体结合起来，用以展现大都会艺术博物馆接纳古典与现代的艺术及思想，并将二者融为一体的独特能力。

另外，他们还希望扩大受众人群，并以 "艺术和文化的力量应当掌握在每个人手中" 为共同信念。该合作项目虽然是多方面的，但目标明确，即帮助大都会艺术博物馆成为世界上最具活力和鼓舞人心的艺术博物馆，冲破限制，让更多的人在世界的各个角落感受 5000 多年的神奇艺术。品牌升级后，博物馆网站的访客数量也有了很大的增长，其访问量达到了历史新高。

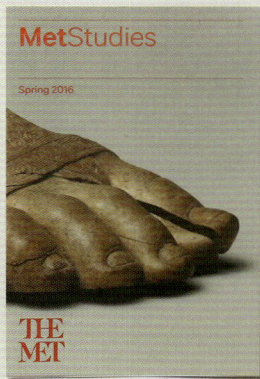

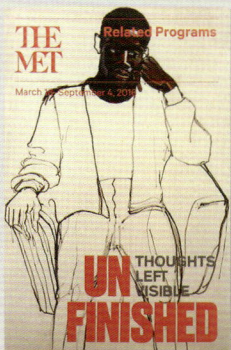

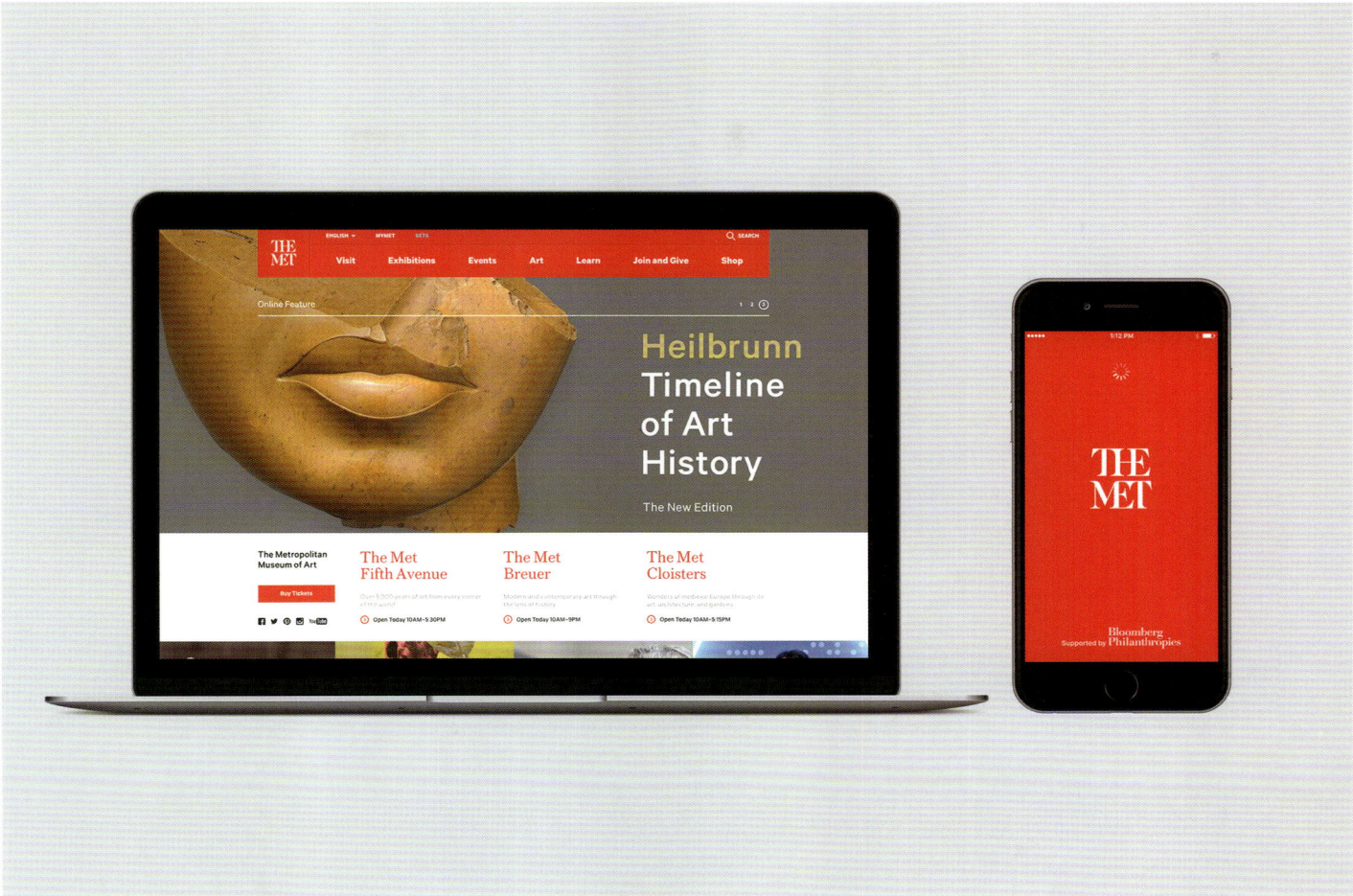

波雷奇城市形象

POREČ TOURIST BOARD
MOSAIC CITY

>

Poreč
You complete us

波雷奇市是克罗地亚最受欢迎的旅游目的地之一，旅游业的传统可以追踪到 1845 年，第一本旅游指南便是在那一年出版的。这座城市被冠以"克罗地亚旅游业冠军"的头衔，其最具吸引力的历史遗迹是受到联合国教科文组织保护的，尤弗拉西苏斯大教堂内的马赛克艺术装饰画。

这座城市最近更新的标识传达了"波雷奇——马赛克艺术之城"这一理念。波雷奇不仅是马赛克艺术之城，也是一个与众不同的旅游景点，因此新的视觉形象想要突出的是旅游业和热情好客是这个城市不可分割的一部分。设计目标是给人们一种积极、热情的感受，宣传来波雷奇的好处及波雷奇的竞争优势（旅游传统、热情好客和多种服务类型）。

考虑到这座城市拥有多样化的旅游项目，新标识对马赛克艺术进行了更深层次的解读，力求将其打造成"马赛克体验之城"。作为波雷奇多样性的象征，新标识展现的是一幅由多色瓷砖组成的现代马赛克艺术装饰画。但为了与整体概念一致，标识省去了该幅画的最后一部分。

不完整的装饰画标识配以"你们使我们变得完整"这样的广告语，听起来很像是爱情宣言，告诉那些游客"他们的到来使这座城市变得完整了"。确实，这座马赛克艺术之城以游客为生，也为游客而生。如果没有这些游客，这座城市也不再完整。设计公司最终为这座城市打造了一个醒目、现代、实用的旅游品牌。

委托方
Tourist Board Poreč

设计公司
Studio Sonda, Croatia

完成时间
2014

旧品牌形象

Poreč
You complete us

The city is bathed in the sun again.
The only thing missing is you.

You complete us

 **GOURMET**

C 20 M 40 Y 100 K 5
C 35 M 100 Y 55 K 15

 **CULTURE**

C 0 M 35 Y 100 K 0
C 25 M 40 Y 80 K 5

 **SPORT**

C 0 M 60 Y 95 K 0
C 5 M 95 Y 100 K 0

 **ENTERTAINMENT**

C 60 M 100 Y 0 K 0
C 90 M 85 Y 0 K 0

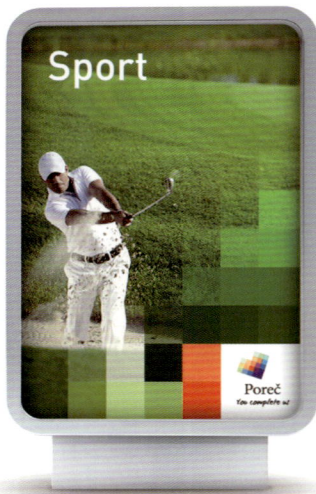

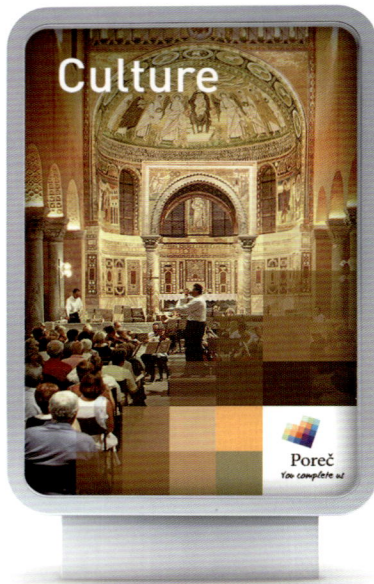

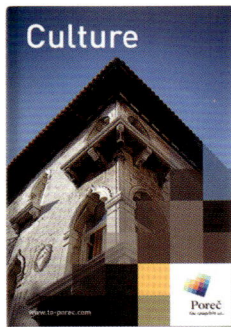

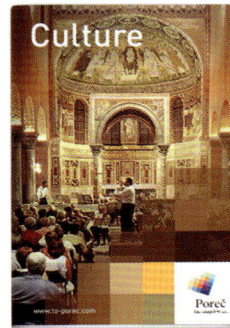
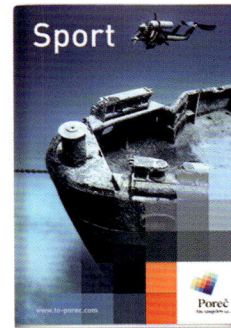

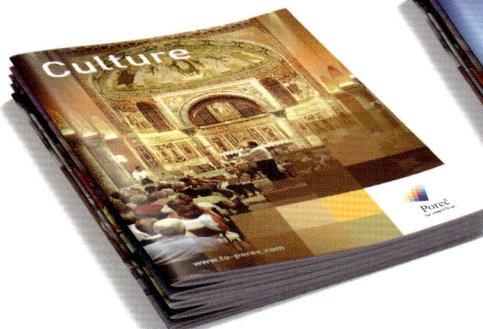
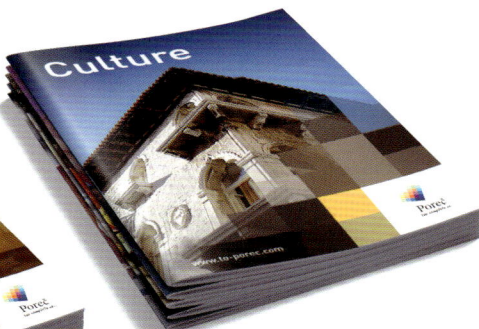
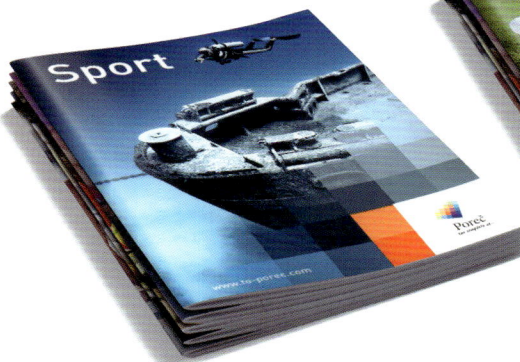
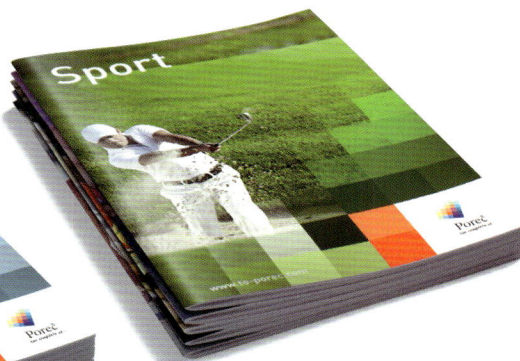

约翰内斯堡证券交易所

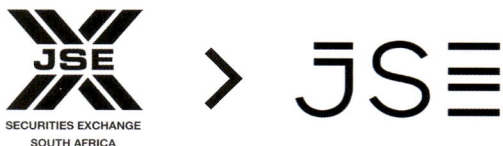

成立于 1887 年的约翰内斯堡证券交易所是非洲大陆上最大的交易所，位于南非，市场资本总额位列世界前 20 位，而且是世界交易所联合会的成员。约翰内斯堡证券交易所提供了一个电子化、高效、安全的市场，拥有世界级的管理、交易和结算系统、结算担保和风险管理。

在非洲市场占据垄断地位的约翰内斯堡证券交易所从未将它们的品牌视为打动客户的卖点。由于银行的投资能力不断发生变化，交易所意识到它们的市场份额日渐减少，需要用一种既能吸引新客户，又能巩固其作为投资者的正确选择的方式重新定位自己的品牌。

该项目的基本目标包括向管理团队阐明品牌战略的商业影响，如何利用品牌战略改善与现有及未来客户的关系，以及如何利用品牌战略打造一个能够迎合不断变化环境的品牌。设计公司通过客户、雇员及其他利益相关者对品牌进行

了全面的验证。更新后的商业战略将约翰内斯堡证券交易所定位为非洲主要的交易所和可以信赖的投资平台，通过展示交易所如何为客户提供财富增长的平台这一理念去迎合战略思维。通过品牌主题的创造性战略协作，设计公司推出了"促进你的财富增长"的概念。更新后的视觉形象、标识和数字化战略构成了整个品牌升级，打造了一个动态的、现代的、容易接近的投资平台。

交易所的作用是培养富有成效的人脉关系的纽带，因为有人脉关系的地方就会有发展。这个"纽带"作用是通过将标识中代表 Exchange（交易所）一词的字母"E"设计成叠加线的形式来展现的。约翰内斯堡证券交易所的品牌升级和重新定位深受该组织、媒体和公众的欢迎。进入 21 世纪以来，约翰内斯堡证券交易所已经实现了其在上市公司、投资者、全球市场和数字化技术之间的纽带作用。

委托方
Johannesburg Stock Exchange

设计公司
Interbrand Africa

完成时间
2014

旧品牌形象

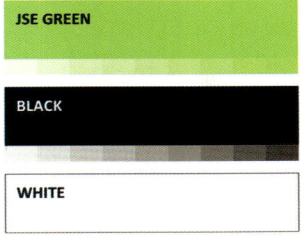

JSE GREEN	Spot	PANTONE® 375 C			
	Process	C50	M0	Y100	K0
	Digital	R148	G214	B0	
	#	*94d600*			
BLACK	Process	C0	M0	Y0	K100
	Digital	R0	G0	B0	
	#	*000000*			
WHITE	Process	C0	M0	Y0	K0
	Digital	R255	G255	B255	
	#	*ffffff*			

JSE RED	Spot	PANTONE® 1788 C			
	Process	C0	M91	Y73	K0
	Digital	R243	G40	B54	
	#	*f32836*			
JSE BLUE	Spot	PANTONE® Process Cyan C			
	Process	C100	M0	Y0	K0
	Digital	R0	G159	B227	
	#	*009fe3*			
JSE YELLOW	Spot	PANTONE® 116 C			
	Process	C0	M19	Y95	K0
	Digital	R255	G206	B0	
	#	*ffce00*			
JSE DARK GREEN	Spot	PANTONE® Green C			
	Process	C100	M0	Y60	K0
	Digital	R0	G168	B136	
	#	*00a888*			

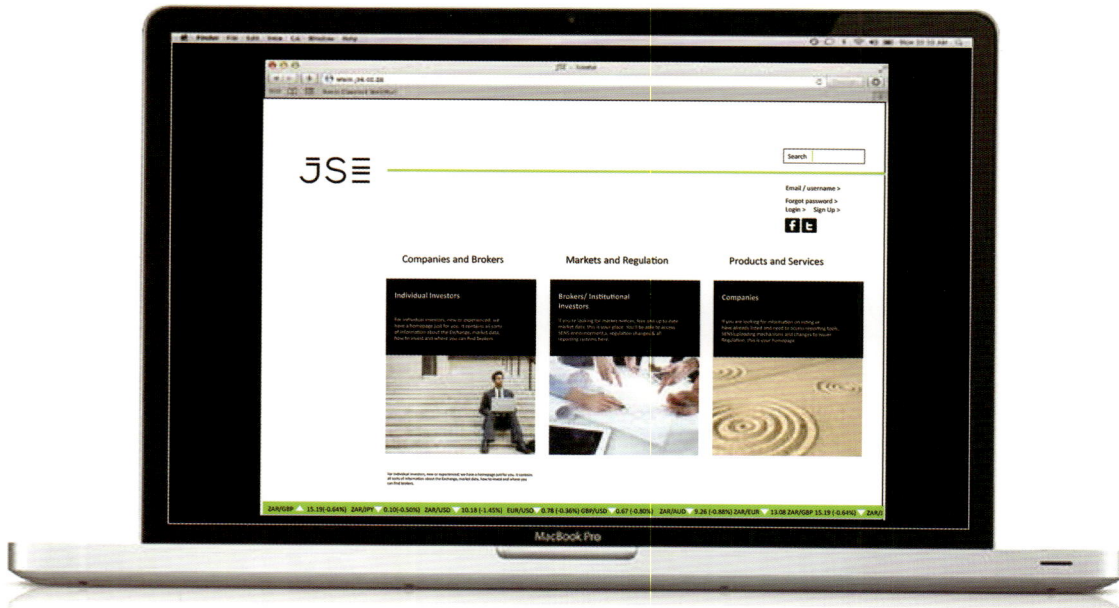

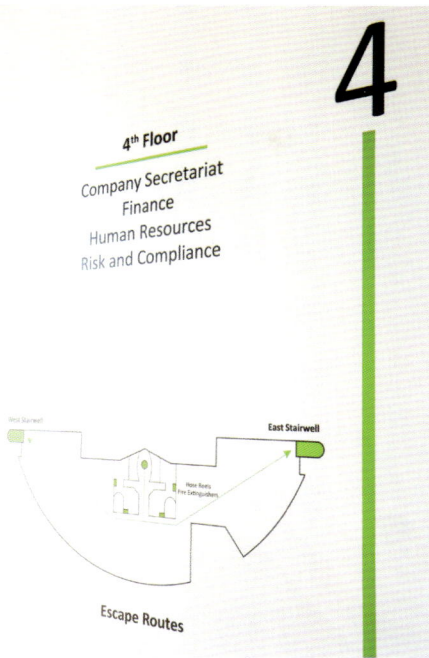

4th Floor
Company Secretariat
Finance
Human Resources
Risk and Compliance

Escape Routes

AGS 基因检测机构

成立于美国的 AGS 是将基因检测与医生实践融为一体的专业机构。他们主要的目标受众是医学专业人士，因此原有品牌在色彩和设计元素方面非常传统。随着业务的发展，AGS 决定以一项专注消费者健康的革命性基因检测服务打入亚洲市场。他们将香港作为区域总部，并在区域中心建起最高水准的艺术实验室。原有品牌和营销材料不足以吸引普通公众，支持这项全新检测服务的销售活动，因此，他们委托 Chill Creative 设计公司对香港 AGS 进行了品牌升级，为他们的公司打造一个清新脱俗的品牌形象，旨在与终端消费者进行直接交流，给消费者留下一种专业而有活力的印象。

该项目的首要任务是对公司标识进行重新设计。Chill Creative 设计公司建议在为亚洲市场设计的标识上使用 AGS，而不是其全称，因为 AGS 更能给非英语国家的消费者留下深刻印象。Chill Creative 公司设计了一条广告语 "个人基因组学"，进一步拉近这一科学研究与我们生活的距离。字体选用的是圆形的无衬线字体，赋予该品牌一种现代、亲切的感觉。相对于大多数基因组学公司都会选用的 DNA 链图案，Chill Creative 设计了一个连接点图案，以此构成字母 A 和一个向上的三角形，预示人类与科学之间的关系及 AGS 如何能够改善人类健康。

营销方面，Chill Creative 公司为试管设计了一个包装盒，用有形包装推动无形服务。在过去，这些检测都是在诊所中进行的。然而，AGS 使这项检测变得更加简单，他们将试管盒送至消费者家中，让消费者自行检测，创造一种无缝体验。所有报告封面和资料夹上都印有该品牌的彩色连接点图案。除了小册子、名片和办公文具等印刷材料设计，Chill Creative 公司还帮助 AGS 进行了网站设计和规划，为 AGS 的检测和在线购买系统做专题报道。直销客户在网上便可轻松订购检测服务。

品牌改变的目的在于打入新的细分市场，并与终端用户进行直接沟通。职业惯例守则规定医生不得推销服务，因此，Chill Creative 公司希望建立普通公众的品牌意识，推动健康检测服务的发展（检测过程中无须医生帮助），最后交叉销售其他检测服务，例如消费者的个人药物检测。设计公司还希望通过这个多彩、动态的品牌使 AGS 从传统医疗行业中脱颖而出，向公众说明健康和体检并不一定是忧郁的。这种预防性医疗服务应当拥有更加个性化和亲切的品牌形象，以便于普通公众去理解。

委托方
AGS

设计公司
Chill Creative Company

设计师
Sherman Li, Pika Pau,
Christine Shum, Cat Lai

完成时间
2016

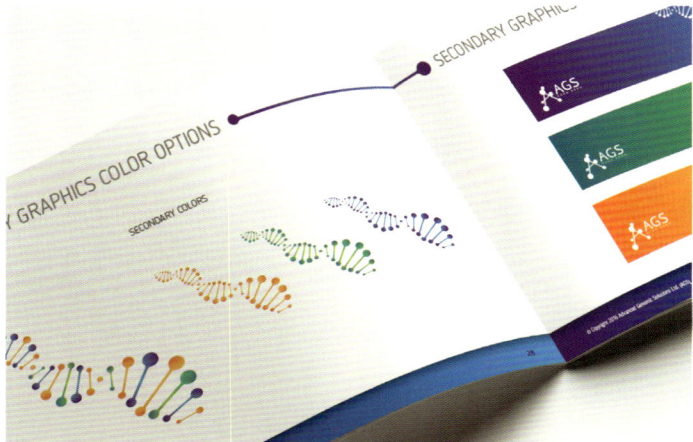

罗马尼亚足球杯

罗马尼亚足球杯是一个由来已久的，面向罗马尼亚本土足球俱乐部的比赛，不分名次排名。从这层意义上来说，这项比赛有很坚实的民众基础，每年均由罗马尼亚足联举办。罗马尼亚的新一届领导将足球杯的品牌升级作为他们努力加强品牌管理、提升罗马尼亚流行运动形象这一举措的一部分。2016 年，罗马尼亚足球杯迎来了第78 届比赛。

Brandient 设计公司希望新的视觉形象能够表现出品牌的精髓，不仅象征着庆祝，还能体现足球是如何促进当地社区发展的。除了对奖杯这一品牌的有形象征进行全新的视觉解读之外，设计方面力求保持雄心勃勃的表现形式。新标识由强大的图形元素构成，两只争斗姿态的老鹰抢夺中间的奖杯。老鹰的翅膀部分采用负空间的设计方式变成了奖杯的把手，同时还形成了一

委托方
Romanian Football
Federation

设计公司
Brandient

完成时间
2016

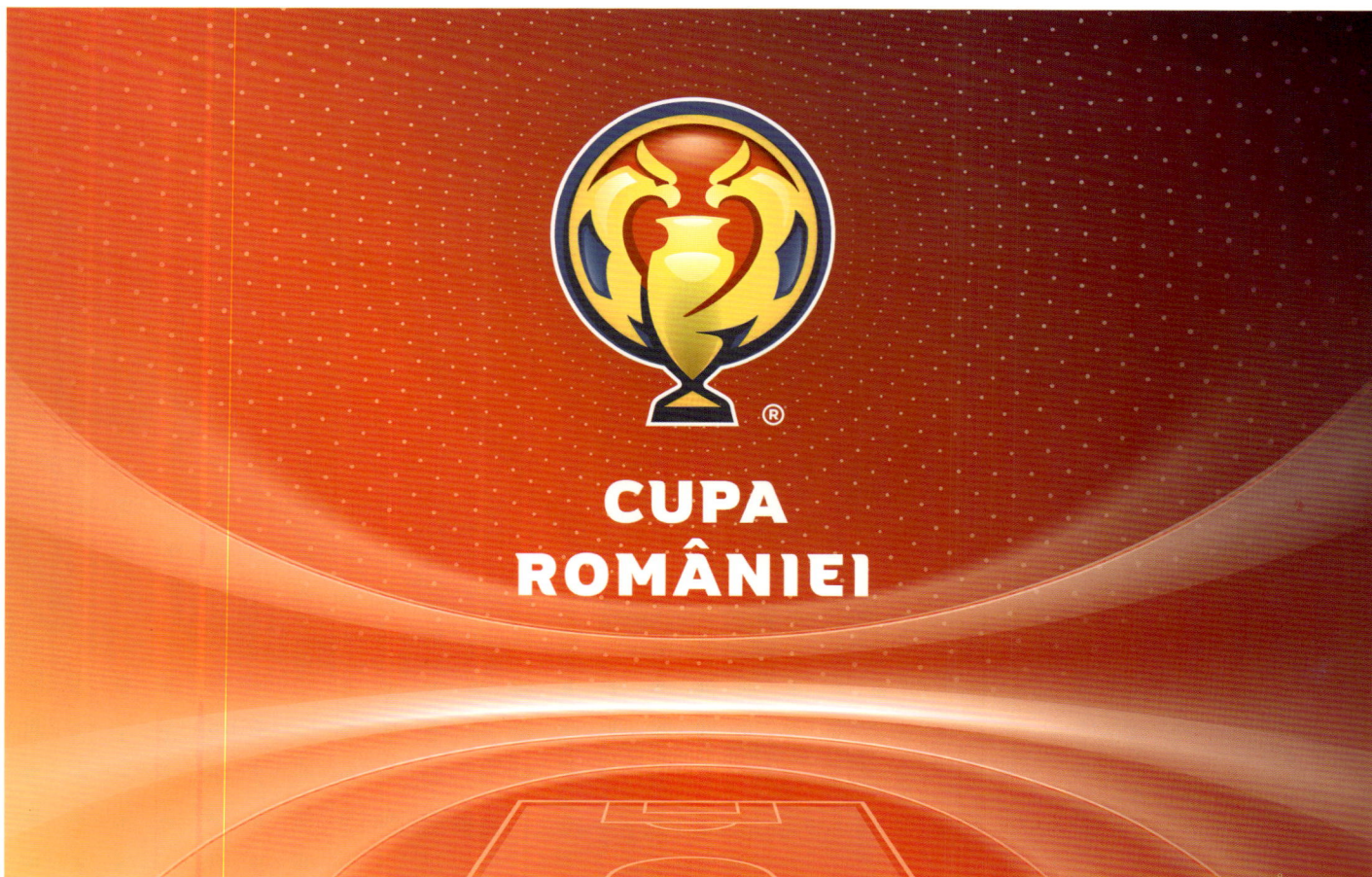

个心形图案，象征着"罗马尼亚足球之心"，即品牌的新承诺。老鹰标志和红、黄、蓝三个颜色共同构成了一个强有力的国家象征，为新标识赋予敏捷性、力量、高度和智慧。该品牌还有很多其他表现形式，利用品牌的另一个主要视觉元素——"粒子网络"——来表现"特别活动"和"魔力"的动态感，同时增加纹理和视觉复杂性。

该品牌的新承诺"罗马尼亚足球之心"显示，该品牌为人们提供最为直接、充满热情和有益于健康的机会去享受运动，使其成为日益壮大的群体的一部分。拥有新标识后，该品牌先后在国家体育馆内和电视上以一种真实可靠的方式与其利益相关方建立起联系，并希望唤起人们对足球的热情并参与其中。

INIMA FOTBALULUI

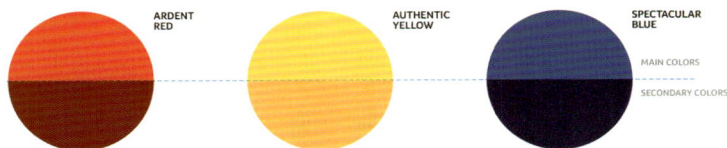

ARDENT RED

AUTHENTIC YELLOW

SPECTACULAR BLUE

MAIN COLORS

SECONDARY COLORS

DARK RED
CMYK: 0/100/100/50
RGB: 218/41/28
HEX: #DA291C
RAL 3028

GOLDEN YELLOW
CMYK: 0/28/100/0
RGB: 255/209/0
HEX: #FFD100
RAL 1018

ULTRA-MARIN BLUE
CMYK: 100/100/0/50
RGB: 35/26/81
HEX: #231A51
RAL 5022

Proximus 通讯公司

成立于 1896 年的比利时电信已经成为比利时最大的电信公司。在比利时政府的支持下，这家公司已将业务扩展至手机、电视和宽带互联网服务。1994 年，其手机业务分拆独立运营，成立了 Proximus 公司。随着时间的发展，比利时电信和 Proximus 公司推出了很多类似的服务。因此，2010 年，Proximus 公司和比利时电信重新合并，但仍然以两个品牌运营。

2012 年，Saffron 设计公司完成了为其设计的品牌的检验和分析，力求获得适合比利时激烈竞争市场的最佳品牌架构。比利时电信在固网电信、宽带服务和电视业务的市场份额受到了位于佛兰德斯的 TeleNet 公司和位于瓦罗尼亚的 Voo 公司的严重冲击。比利时北部与荷兰毗邻，南与法国交界，其复杂的民族社会结构使得该品牌难以明确自己的定位。虽然 Proximus 公司的服务也面临着巨大的价格压力，但却在比利时广受欢迎。

Saffron 公司以其与 Space Doctors 公司合作完成的符号学分析为基础，提出了统一品牌的方案。品牌陈述以单一、进化后的品牌下的高品质和融合服务为重点。Saffron 公司在推动项目发展过程中决定将 Proximus 打造成一个更加年轻、更加贴切、"更加紧密的"品牌平台。品牌战略以"瞬间接近你所在乎的"这一理念为基础。品牌面向商业用户和住宅用户，将重点放在 Proximus 公司作为比利时现代通讯技术倡导者的角色上。

2013 年，Saffron 公司参与了 Proximus 的品牌升级项目，并与比利时电信的内部品牌团队设定了一个逐步形成的市场定位。以现有的视觉元素为基础，包括品牌使用的紫色和传递出的贴近人类生活的感觉，将其发展成在不同环境中都能体现简单、真实和熟悉感的视觉形象。

新的视觉形象适用于该品牌的各种应用。Saffron 公司致力于基本元素（标识、特定风格、

委托方
Proximus

设计公司
Saffron Brand Consultants

完成时间
2014

图标、插画、声音、动画）的设计，并研究这些元素如何在印刷、数字、零售和电视上共同发挥作用，为 Proximus 的公司渠道建立完整的体系。

Saffron 设计公司的视觉设计工作可谓是一种技术力量的人为转化，具体表现在全面、流畅和连贯的设计中。新品牌有助于消费者以一种与其相关的方式和 Proximus 公司建立联系，并鼓励他们满怀信心地接纳新技术。该品牌于 2014 年 9 月 29 日投入市场，一经推出便获得了比利时国内人士的支持和外界媒体的认可。初始反馈展现出了顾客的热衷度和员工的积极参与度。

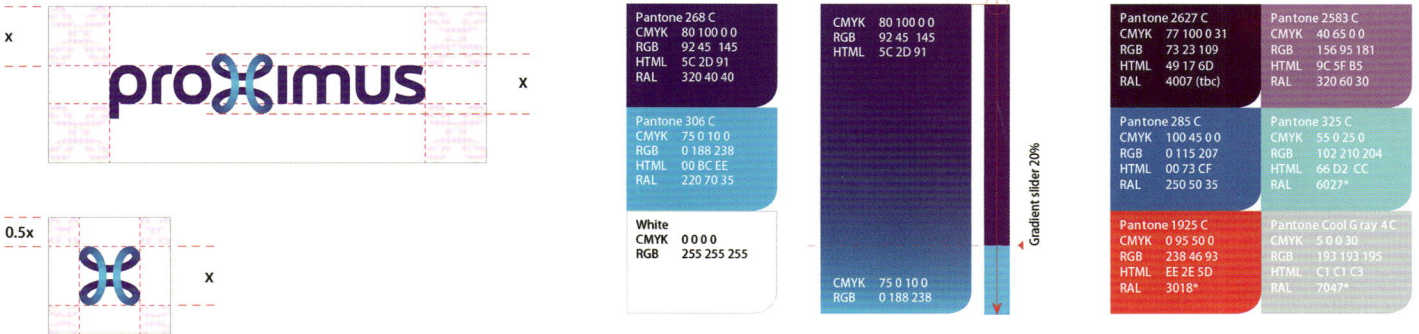

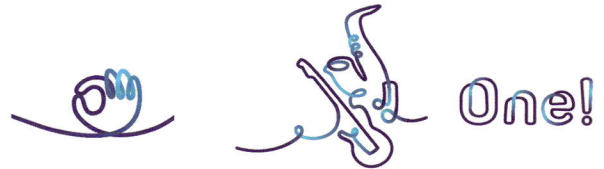

Instantly close to what matters

Proximus Typeface

Proximus Light:
Overwegende, dat erkenning van de
inherente waardigheid en van de gelijke en

Proximus Regular
**leden van de mensengemeenschap
grondslag is voor de vrijheid**

Proximus Bold
**overwegende, dat terzijdestelling van
en minachting voor de rechten van**

Proximus Display

Salut
Hallo

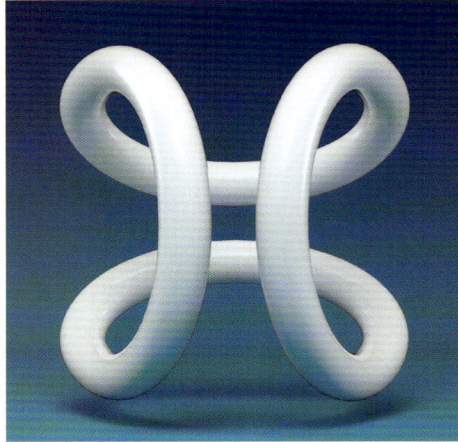

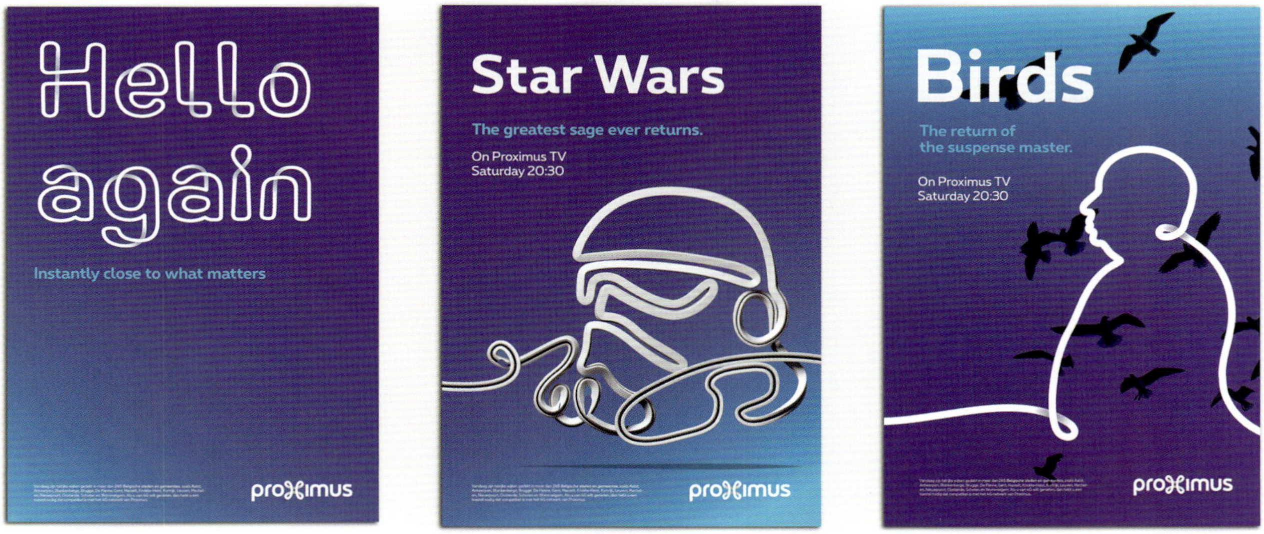
Hello again
Instantly close to what matters
proximus
Star Wars
The greatest sage ever returns.
On Proximus TV
Saturday 20:30
proximus
Birds
The return of
the suspense master.
On Proximus TV
Saturday 20:30
proximus

Football
Zoom
Movies & Series
Basket
C75 M0 Y10 K0

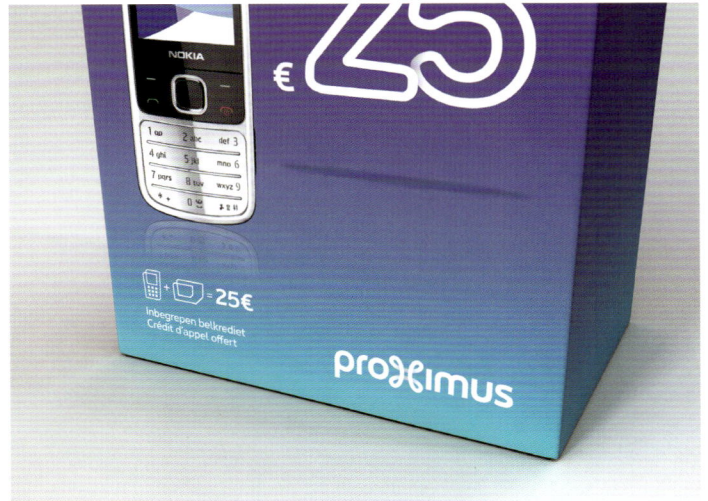

强化品牌辨识度

如何识别一个品牌呢？品牌的含义看起来很明显，但事实上却隐藏着截然不同的概念。它与视觉识别有关吗？它能够轻易地体现这些特征吗？它能够产生一种即时情感吗？这些都包含在品牌的概念中。任何一个公司、组织或品牌——拥有同等品质的产品——都梦想着保留自身鲜明个性的同时，以一种更加美观、易懂的方式向公众展现自身形象。

如果一定要总结增加品牌辨识度的原则，我会以设计师的角度用两个动词对其进行概括：识别与了解。

识别。设计师将原始数据转化为生动的、有条理的信息，创建真实、简洁且令人着迷的视觉系统。我们会创建统一的代码，并为每家公司创建特有的语言，在协调性达到最佳状态时，这些公司便会恢复活力。设计师必须根据具体问题来辨别基本视觉识别的要点是什么，并实现关联性、特性和吸引力的最大化。标识是品牌识别的核心要素。标识的主色是一个还是两个呢？标识是原始象形图的集合吗？甚至是一个独特的说明性风格吗？

了解。经过巧妙设计的品牌可以方便顾客快速、轻松地读取品牌信息。用关怀和智慧进行的创作能够引发品牌进行深入的反思，并向公众传达一种完整、可靠、自然的视觉语言。了解一个品牌或组织需要对其本质和固有特征，以及风格和管理进行了解。此外，设计师还可在品牌升级的过程中对识别原则进行强化，以此将该原则准确地应用到不同群体中。

因此，品牌设计必须具有信息性、实用性和美观性。如果品牌能发挥点石成金的作用，并能展示出胆量和魄力，公司便可凭借自己的风格、意愿和姿态从追随者转变成开拓者。这个目标颇具野心，但这是品牌升级取得成功的基础。

当我们考虑视觉识别问题时，标识显然是核心所在。标识是品牌的集中表现，是一条标语，是一面旗帜。在 Saul Bass、Paul Rand、Lance Wyman、Milton Glaser 等设计师的努力下，品牌的传统表现已经赢得了世人的赞誉。但是，这样的传统表现效果越来越差。我们被各种各样的标识淹没，因为我们需要用标识传达所有需要传达的信息：公司、品牌、产品、服务，以及国家、地区、城市、区域、街道、个人，甚至是想法或倡议。有时，视觉标识的过度曝光，不论合理与否，都会增加与剽窃相关的丑闻风险，我们注意到，在过去的几年里，这种情况已经发生了多次。

在这样一种标识过剩状态下，如何区分各类标识呢？在当今背景下，以下两种观点经常并存。

一方面，有些人认为，标识仍然是强大品牌的主要支柱，他们一直试图设计出具有宣泄力量和催化意义的符号。标识对品牌的发展有推动作用，设计师随后会以一种纵向设计方法来继续视觉形象系统中的其他工作。

另一方面，有些人将品牌语言看作一个整体，他们将标识置于横向设计方法的中心。此外，还存在一种明显的趋势，即将标识归为简单的标志，不具有任何含义或情感力量，只是一个描述公司或品牌名称的印刷标志。我们可以将这个过程视为脱离、拆分和发展浪潮所带来的结果吗？或者说这一过程是我们设计学科中的一个更加成熟，且跟随时代发展的进化阶段吗？每个人都可以就此作出自己的判断。

除了标识之外，视觉领域的构建又是如何催生出一个具有识别度和追随者的组织呢？我们回到那些反复被提及的与思维和心灵进行沟通的概念上，这些概念并不总是清晰和可量化的。遗憾的是，我们没有神奇的公式或是任何可以用来计算或预测的对象。除了寻求一致性，坚持彻底和不懈的工作，避免那些限制创意领域的设计方法之外，我从来不会强调参与人员的个人能力，而是在设计师和顾客之间建立起强大、健康、良性的关系，这一点很有必要。只有当设计师和顾客拥有共同的追求时，品牌才能迸发出火花，用同一种声音讲述的品牌故事才能满足受众的需求。

这也是品牌总能设法将自身从现代经济帝国的商业行为中脱离出来的原因。尽管某些方法已经不再被运用，但设计仍是一种能够给世界带来重大影响的工具，它能唤起良知，发起不容忽视的社会运动。品牌升级每年都会带来新的参考标准，这些标准给人们的生活带来了实质性影响。这些大大小小的品牌一同发挥着它们的识别潜能。为了确保我们的设计准则能够继续给该领域带来积极的影响，设计师将起到主导性作用。

当 Olivier Claire 植物护肤品牌联系我们时，他们正面临着渗透在品牌方方面面的识别问题。Olivier Claire 的产品是市场上最贵的产品之一，但其视觉形象却没有表现出产品的任何特点，也没有展现任何个性，因此，品牌创始人决定在品牌升级工作完成之前中止该品牌的发展。在标志和承诺饱和的市场中心，Brand Brothers 设计公司会追溯品牌的起源以利用其强势定位，并反映品牌升级的本质，这两点通常非常相似。经过一年的努力，我们已经在视觉领域的不同层面上为 Olivier Claire 设计出很多强大的识别元素（图 1）。新标识由专门为该品牌设计的字体和从公司名称中提取出来的字母组合构成，同时形成一种对比。我们还绘制了一些字母符号，利用单个图形元素强化每种产品。因此，整个品牌采用的是极为简洁的风格，没有过分强调奢华的价值，仅以展现产品和其内在品质为目的。在品牌升级后的几个月内，Olivier Claire 成为了受所有专业媒体欢迎的品牌，他们也准备进入国际市场，并增加其在最佳销售点的曝光率。

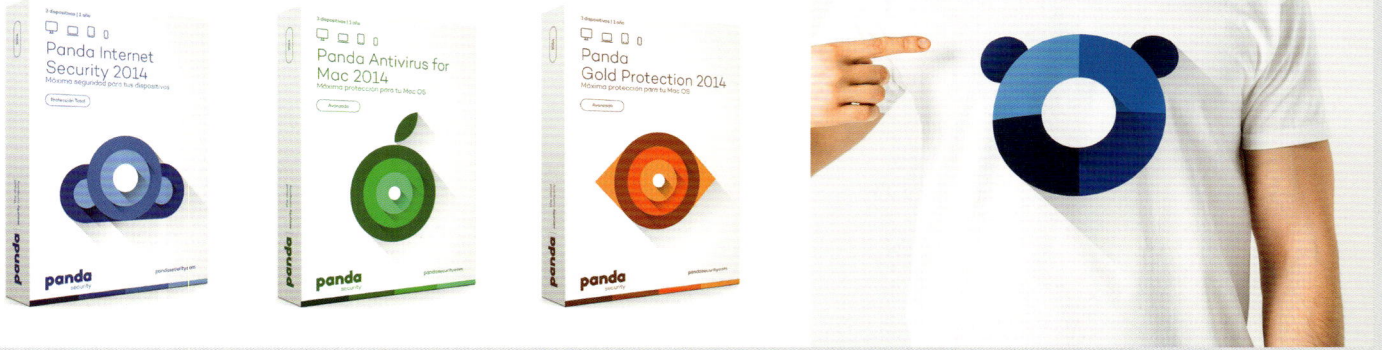

Saffron 设计公司为 Panda 公司（计算机安全领域的开拓者之一）升级品牌的方法也是通过设计重振品牌的一个范例（图 2）。新的品牌标识自然清新、不言而喻，而不像其竞争品牌那样过度地利用恐惧、焦虑和高安全性的代码。因此，Saffro 公司传达了一个看似自相矛盾的观点：Panda 公司为这个时代最敏感的问题提供最简单的产品和安全性保证。该品牌获得了广泛赞誉，同时宣布：这场标识设计的赌注赢了。

Fontevraud 修道院品牌升级（图 3）的首要任务是使该品牌在一个同质、乏味的市场中脱颖而出。Fontevraud 修道院是一个在卢瓦尔河谷地区享有盛名的历史遗迹。设计公司通过有意识地选择替代性方式，为一个饱含历史底蕴的场所设计视觉形象，成功地提升了 Fontevraud 修道院的价值。因此，品牌升级体现了修道院以全新的旅游和文化形式面向公众开放，并为未来提供了一种具有巨大创造潜力的通用语言，正如现代机构的品牌一样。

DesignStudio 设计公司为英超联赛打造了一个品牌（图 4—8），使其 25 年来首次不再以其赞助商的名字冠名，2016/17 赛季为他们提供了机会去讲述自己除了球场上的比赛之外的故事。作为一个

Panda 软件 / 设计公司：
Saffron Brand Consultants

Fontevraud 修道院 / 设计公司：Graphéine

全球性事件，英超联赛所面临的挑战是创建一个灵活的标识系统，使其适用于每一个可以想到的品牌应用。标识是一个生动、逼真的品牌形象，其首先是数字化的，其次利于传播，并可与各种类型的观众进行交流。新的狮子图标保持着英超联赛所建立的公平性象征，并打造了一个醒目的、适用于任何尺寸的新符号。新的配色方案使英超联赛看起来更加成熟、醒目、充满生气。DesignStudio 公司还专门设计了一种字体，用坦率、亲切的口吻细述这些动人的故事。

英超联赛 / 设计公司：
DesignStudio

Fontevraud 修道院

该项目的切入点是神圣与世俗之间的渗透。拿破仑曾将这个当时已经存在了六个多世纪的 Fontevraud 皇家修道院改造成监狱，修道院也因此免遭破坏，直到 1963 年才停止使用。事实上，这是一个很好的回顾点。

1975 年，皇家修道院面向公众开放，也因此结束了其长达九个世纪的私有身份。品牌升级的设计专注于神圣与世俗之间的自相矛盾。设计公司用光晕的变化来象征神圣，用以斜线为设计灵感的字体代表世俗。表面光晕与斜线字体之间的联系就是 Fontevraud 品牌视觉形象的基础。

斜线象征着该品牌破除传统观念的精神：不墨守成规。不平不直，而是倾斜的。发光的光晕象征着基督教圣像中的圣徒和天使，以及其信徒"受到指引"的感觉。它是获取知识的象征。

Fontevraud 修道院

委托方
Fontevraud

设计公司
Graphéine

完成时间
2016

FONTEVRAUD
L'HÔTEL

FONTEVRAUD
L'ABBAYE
ROYALE

FONTEVRAUD
LE RESTAURANT

FONTEVRAUD
CONGRÈS &
ÉVÉNEMENTS

FONTEVRAUD
LA SCÈNE

A B C D E F G H K L M N
O P Q R S T U V W X Y Z
RA Æ Œ N Ĥ É È Ê Ë Ő Ŕ
0 1 2 3 4 5 6 7 8 9
€ ↖ ↗ ≠ ÷ ⅓ " „ ™ ‰ °C
† ∞ ≈ ≠ ≤ ≥ { } ¥ £ ® ¢ ~ ×

WELCOME TO
FONTEVRAUD
L'ABBAYE
ROYALE

FONTEVRAUD.fr
L'émotion est
dans l'inattendu

L'ABBAYE ROYALE
DE FONTEVRAUD PRÉSENTE
ANIMAL
GRÉGOIRE
SOLOTAREFF
Du 12 Oct > 28 Nov 2014
Région PAYS DE LA LOIRE

FONTEVRAUD.fr
L'émotion est
dans l'inattendu

L'ABBAYE ROYALE
DE FONTEVRAUD PRÉSENTE
VISITE
GUIDÉE
+3 ATELIERS
Jouer, apprendre, s'amuser
Du 20 Oct > 22 Nov 2014
Région PAYS DE LA LOIRE

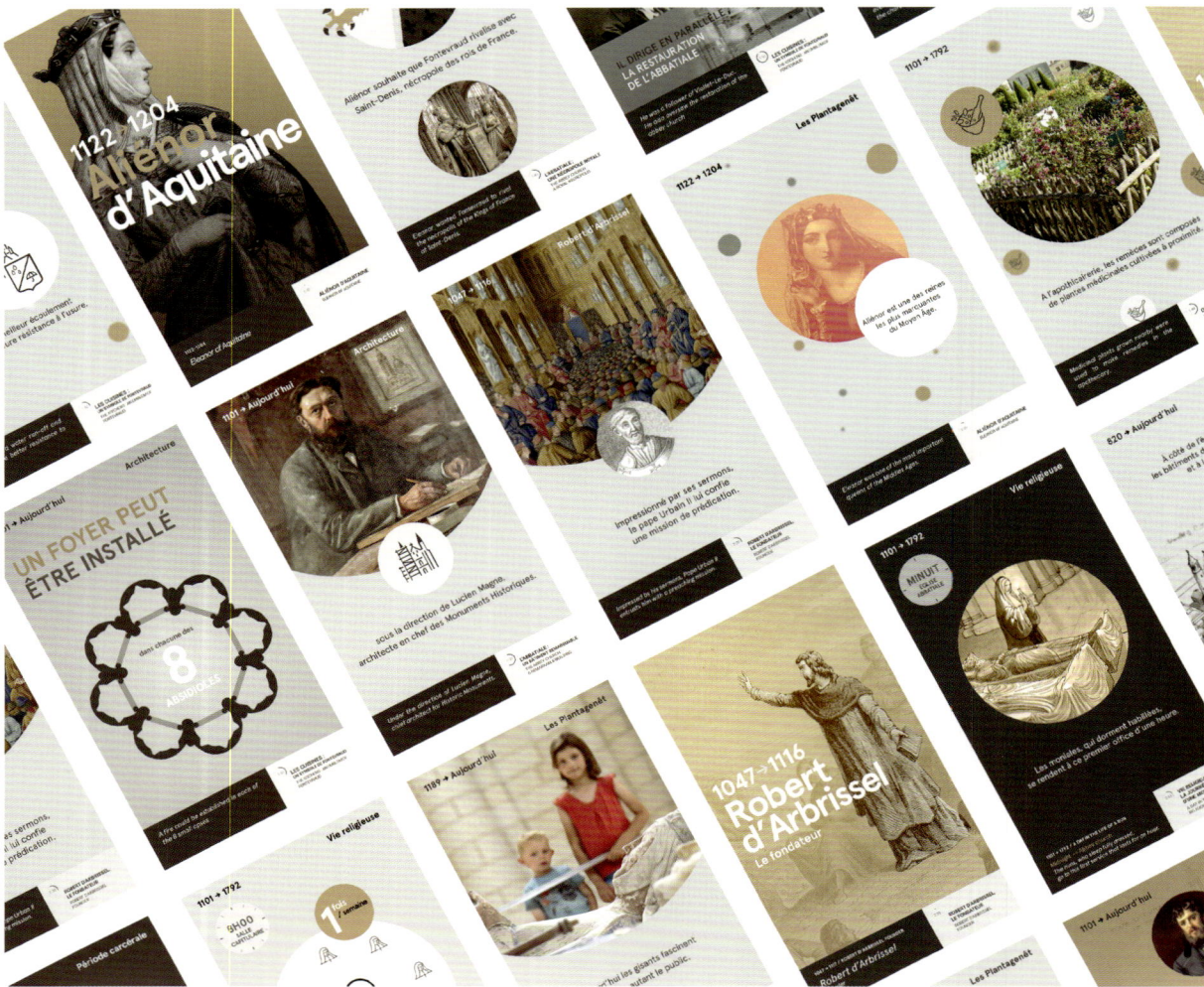

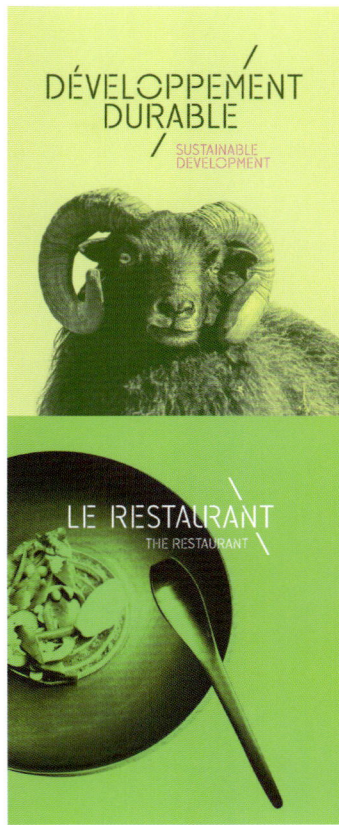

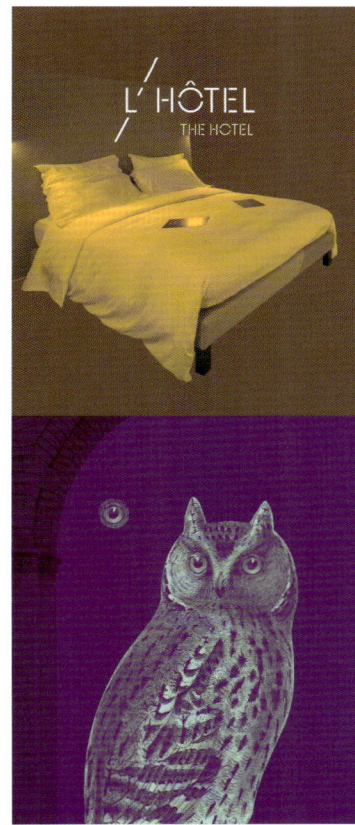

ALIÉNOR
D'AQUITAINE

DÉVELOPPEMENT
DURABLE
/ SUSTAINABLE
DEVELOPMENT

L'HÔTEL
THE HOTEL

LE RESTAURANT
THE RESTAURANT

L'ABBAYE
ROYALE
/ ROYAL ABBEY

L'ÉMOTION EST DANS L'INATTENDU

Fondée en 1101 aux confins des provinces du Poitou, de l'Anjou et de la Touraine, Fontevraud est la plus vaste cité monastique héritée du Moyen Âge. Au cœur de l'abbatiale, les gisants d'Aliénor d'Aquitaine, d'Henri II et de Richard Cœur de Lion rappellent qu'elle fut chérie des Plantagenêt. Transformée en prison de 1804 à 1963, puis inscrite en 2000 au patrimoine mondial de l'UNESCO avec le Val de Loire, Fontevraud associe patrimoine, culture, art de vivre et sens de l'hospitalité, poursuivant l'ambition de Cité Idéale voulue par son fondateur.

EMOTION IS IN THE UNEXPECTED

Founded in 1101 on the intersecting borders of three regions, Anjou, Touraine and Poitou, Fontevraud Abbey is the largest surviving monastic complex from the Middle Ages. At the heart of the Abbey Church, the reclining effigies of Eleanor of Aquitaine, Henry II and Richard the Lionheart are a reminder of its close links with the Plantagenet kings. Converted into a prison between 1804 and 1963, then in 2000 designated a UNESCO World Heritage Site along with the Loire Valley, Fontevraud lives and breathes heritage, culture, the art of living and tradition of hospitality, continuing to embody its founder's vision of an "ideal city".

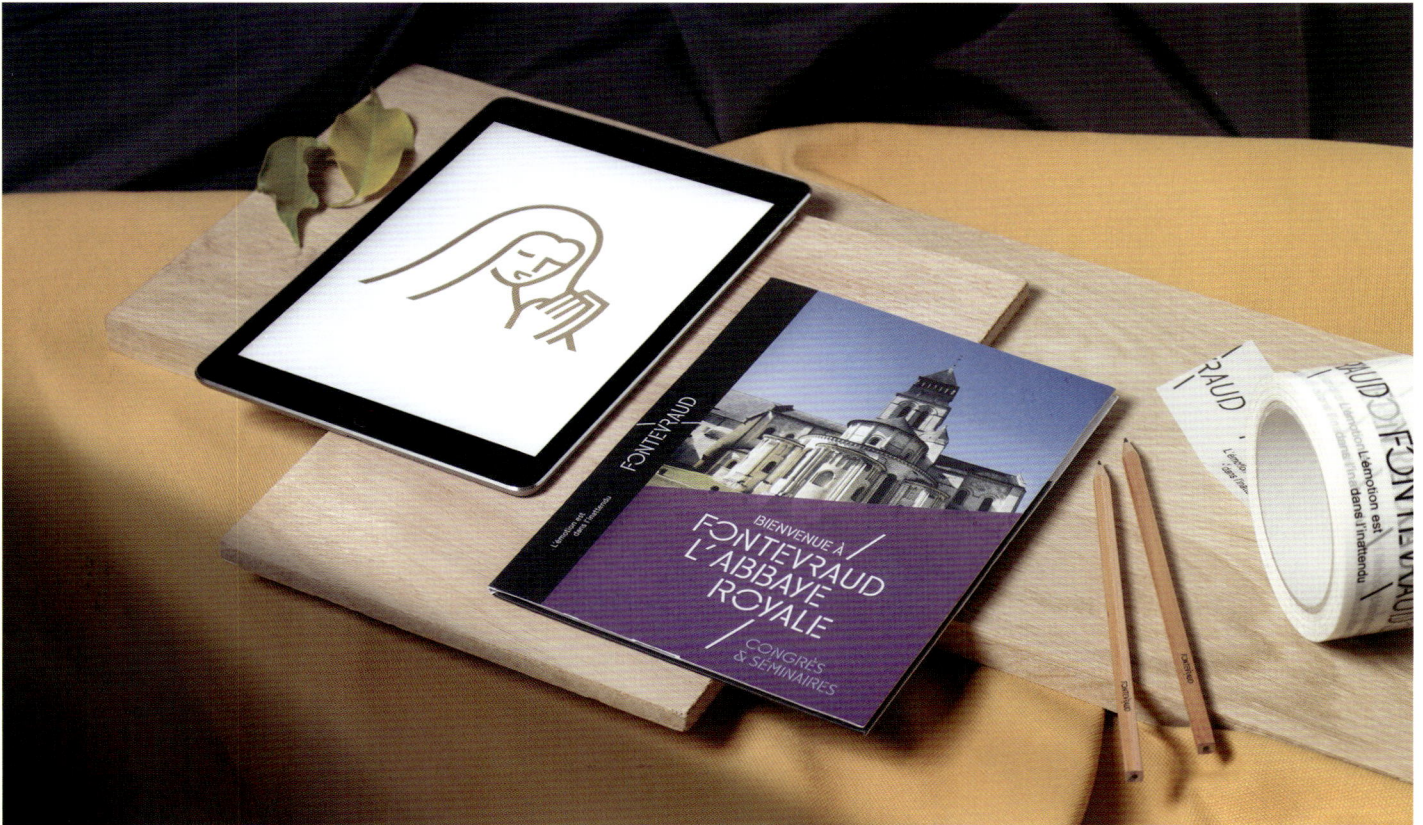

Doxense 打印管理品牌

Doxense 公司是一个致力于打印管理的法国软件开发商和发行商。自 1993 年凭借其主打产品 Watchdoc 进入市场以来，Doxense 公司的业务范围如今已遍布全球，拥有近 60 个合作伙伴。其总部设在巴黎和里尔，并在伦敦和波鸿（德国城市）设有办事处。

Doxense 公司的使命是通过合理利用打印、复印和扫描帮助客户实现提高生产率和利润率的目标。

自 1993 年推出 Watchdoc 以来，市场、产品、经济和生态环境都发生了巨大变化。面对愈发激烈的国际竞争，Doxense 需要进行产品结构

调整。原先的企业形象已不再适用，因而需要一个能阐明 Doxense 公司品牌战略的新形象。另一项摆在他们面前的挑战是，新品牌形象需要匹配其处于市场领先地位的技术公司这个头衔，同时必须传递出多种含义。

Brand Brothers 公司与 Doxense 公司的团队密切合作，提出新的战略定位、品牌架构和视觉形象。Brand Brothers 公司负责整个品牌领域：印刷材料（办公用品、小册子和衍生物件），应用程序图标、数字界面、巴黎办公室内的图案及新的广告宣传活动。设计公司花费了六个月的时间完成了品牌升级工作。设计师设计出一种以原始风格的极简主义标识为中心的视觉语言和"v 形

委托方
Doxense

设计公司
Brand Brothers

完成时间
2016

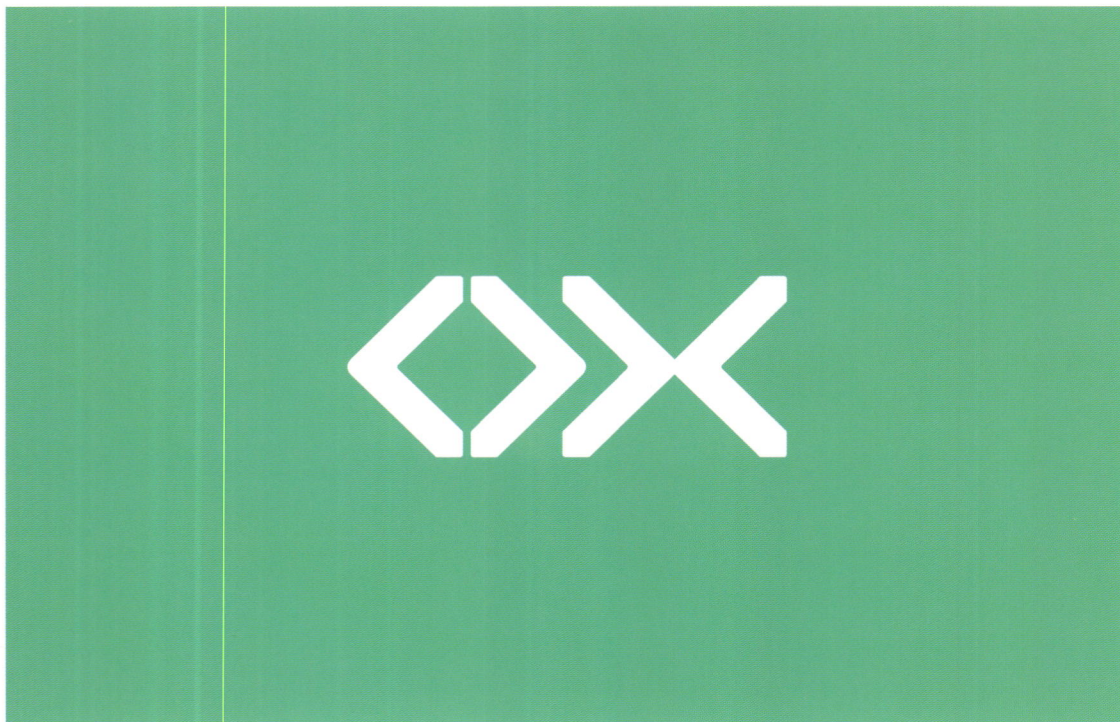

臂章"图形,用以突出其控制、优化和预约印刷的能力。品牌升级围绕简单的体系展开,真实且透明,以此为 Doxense 公司的受众提供新的品牌解读方式。

Brand Brothers 公司在该项目中遵循一种简单、清楚、相关且连贯的设计方法,赋予了 Doxense 公司在市场上的独特个性。他们将信息的力量、名字、字体、独特的色彩和符号等优势结合起来,赋予了该品牌被一致认可的新动力。

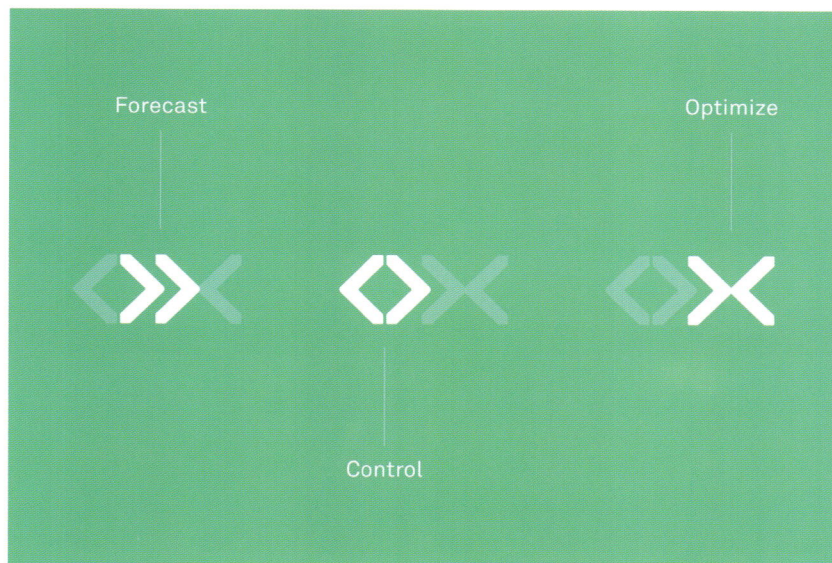

Forecast

Optimize

Control

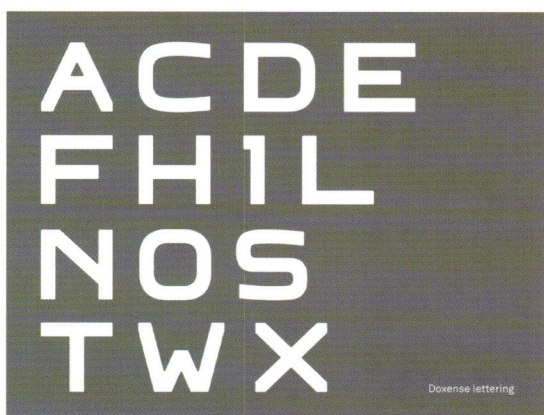

ACDE
FH1L
NOS
TWX

Doxense lettering

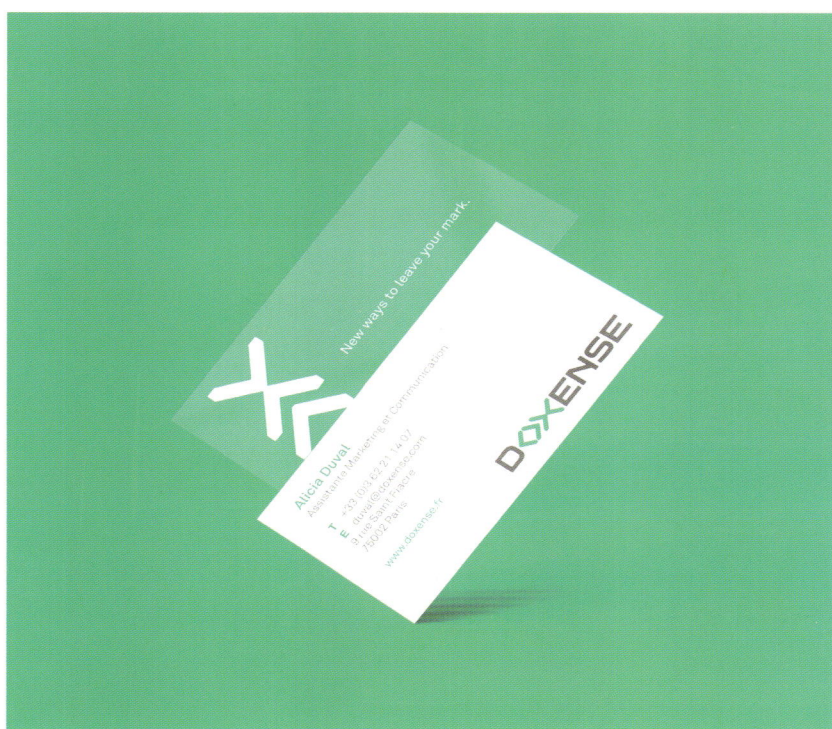

New ways to leave your mark.

DOXENSE

Alicia Duval
Assistante Marketing et Communication
T +33 (0)3 62 27 34 37
E duval@doxense.com
3 rue Guy Fracre
59200 Paris
www.doxense.fr

New ways to **leave your mark.**

DOXENSE

DOXENSE
New ways to leave your mark.

WATCHDOC

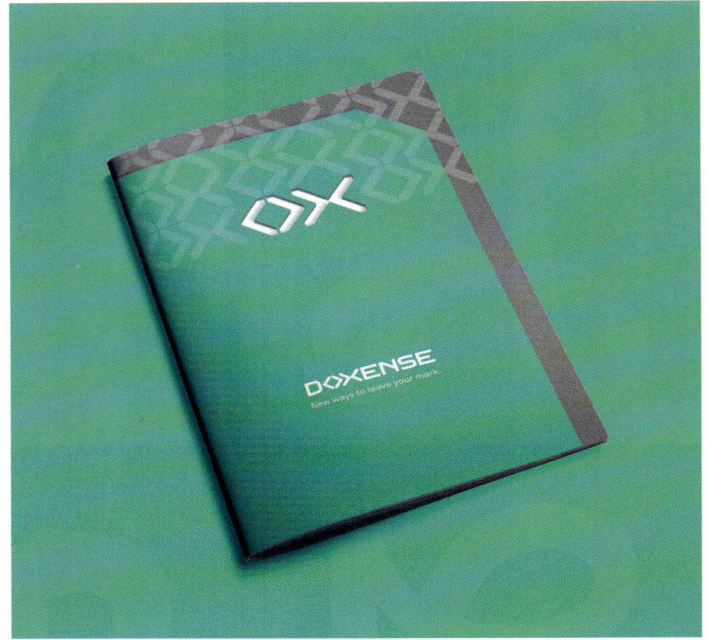

La solution de gestion et d'optimisation des impressions Watchdoc est reconnue sur le marché pour ses nombreux atouts.

- Un outil non intrusif dans votre infrastructure existante
- Une console de supervision unique sur le marché
- Une ergonomie sans équivalence

Développée grâce aux dernières technologies Microsoft, elle est l'assurance d'une intégration simplifiée et non intrusive dans les architectures clients.
Avec Watchdoc® et ses atouts uniques, mettez en œuvre une politique d'impression écoresponsable.

Nouveautés Watchdoc 2016

Watchdoc® se décline désormais en trois versions selon les besoins de nos clients.

- Une version dédiée à la surveillance et la disponibilité des moyens d'impression (Watchdoc Sentinel®), une version dédiée à l'impression sécurisée et à la demande (Watchdoc TakeAway®) et la version complète (Watchdoc®) regroupant toutes ces fonctionnalités, ainsi que de nombreuses autres. Une aubaine pour les petites structures qui peuvent désormais mettre en place, à moindre coût les fonctions ciblées.
- De nouvelles solutions embarquées (WES) pour les multi-fonctions Canon, Brother et Kyocera ainsi que l'impression sécurisée sur les imprimantes réseaux (Watchdoc eXternal Solution – WXS).
- De nouveaux outils pour faciliter le déploiement et la maintenance des infrastructures complexes.

- L'audit en temps réel et l'analyse détaillée de votre activité d'impression mono ou multi-sites (qui imprime quoi, sur quel périphérique, quand et à quel coût).
- Une interface 100% web accessible depuis tous les postes de travail.
- La redirection des impressions vers le périphérique le plus adapté.
- La libération automatique de vos travaux sur le point d'impression de votre choix grâce à votre badge ou code PIN. Déportez Watchdoc® sur l'ensemble des écrans de vos périphériques multifonctions!
- La gestion centralisée de votre parc même si les points d'impression sont géographiquement distants.
- Déployez facilement une politique d'impression grâce à l'instauration de règles et filtres (analyse de la demande, reroutage et suppression) et mesurez son efficacité.
- Suivez vos dépenses d'impression et copies avec encore plus de précision par l'ajout du coût papier et du coût énergétique des périphériques dans le coût global.

Watchdoc c'est aussi :

- La sauvegarde de vos impressions et statistiques associées en cas d'inaccessibilité de vos ressources (annuaires ou bases de données).
- La gestion de quotas et la refacturation.
- Les remontées analytiques des impressions effectuées sur vos imprimantes locales (parallèle, USB, direct IP) et un comptage précis des impressions effectuées sur vos périphériques réseau.
- La gestion des comptes invités.
- L'accès facilité aux multifonctions à tous les utilisateurs hors annuaire (prestataires externes ou invités). Grâce à la gestion d'une base de données indépendant de l'annuaire AD, ces utilisateurs peuvent accéder à l'ensemble des fonctionnalités des multifonctions (copie-scan et fax) selon leur profil.

Sentinel

Watchdoc Sentinel : Le monitoring Watchdoc

Doxense s'adapte aux petites entreprises dont le premier besoin est d'assurer la disponibilité des équipements via un outil unique permettant le pilotage d'un parc multi-constructeurs.

Principales fonctionnalités du module :

- Statut des périphériques en temps réel
- Comptage des pages imprimées en couleur, monochrome, recto simple, recto-verso, etc.
- Comptage des fax, copies et numérisation sur les multi-fonctions
- Surveillance et alertes sur les niveaux de consommables
- Alertes machines
- Liste des événements

TakeAway

Watchdoc TakeAway : L'impression sécurisée et à la demande

Vous souhaitez dans un premier temps sécuriser la libération de vos impressions et imprimer depuis n'importe quel périphérique quel que soit sa marque? Watchdoc TakeAway® est fait pour vous !

Principales fonctionnalités du module :

- Authentification des utilisateurs
- Gestion des droits d'accès
- Follow-me printing (envoi des travaux d'impressions sur une file virtuelle)
- Impression sécurisée
- Rétention de spools sur le serveur
- Prévisualisation et sélection des pages
- WES Accounting : comptabilisation des pages effectivement imprimées
- WES Print : support des périphériques non équipables d'une solution embarquée
- Comptabilisation des copies, scans, fax
- Coût par page
- Listes de prix
- Ra

SkyPrint

Watchdoc SkyPrint : L'impression nomade

Permettez à vos utilisateurs nomades et visiteurs d'imprimer de façon sécurisée depuis n'importe quel appareil mobile et conservez les statistiques associées à ces impressions !

- Soumission par e-mail sur files virtuelles
- Récupération sécurisée des travaux sur un périphérique de proximité
- Gestion des comptes invités
- Statistiques des usages
- Impression à la demande

Depuis un ordinateur portable, un smartphone, une tablette ou tout autre appareil mobile.

ScanCare

Watchdoc ScanCare : la capture optimisée

Vous souhaitez compléter votre infrastructure avec des fonctions liées à la numérisation de documents? Doxense a créé pour vous Watchdoc ScanCare®.

Principales fonctionnalités du module :

- Numérisation vers e-mail
- Numérisation vers dossier
- Numérisation vers son compte personnel
- Numérisation vers FTP
- Amélioration des images
- Reconnaissance de texte
- Indexation

Les

WS
Watch

Watch
d'opé
param
Watch
Grâce
dynar
faire !
Exclu
égale
temps
des s
d'une

WR
Watch

Cet e
Servic
des te
peuve
ou int
soluti
SQL S
rappo

FIL
File d

L'ajou
Windo
travai
au rés

Conn

Watch
étudi
quota
site d
le mili

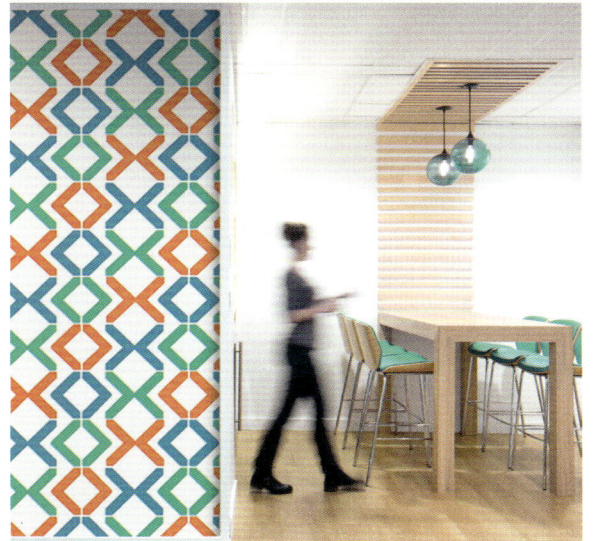

Olivier Claire 护肤品

委托方
Olivier Claire

设计公司
Brand Brothers

完成时间
2015

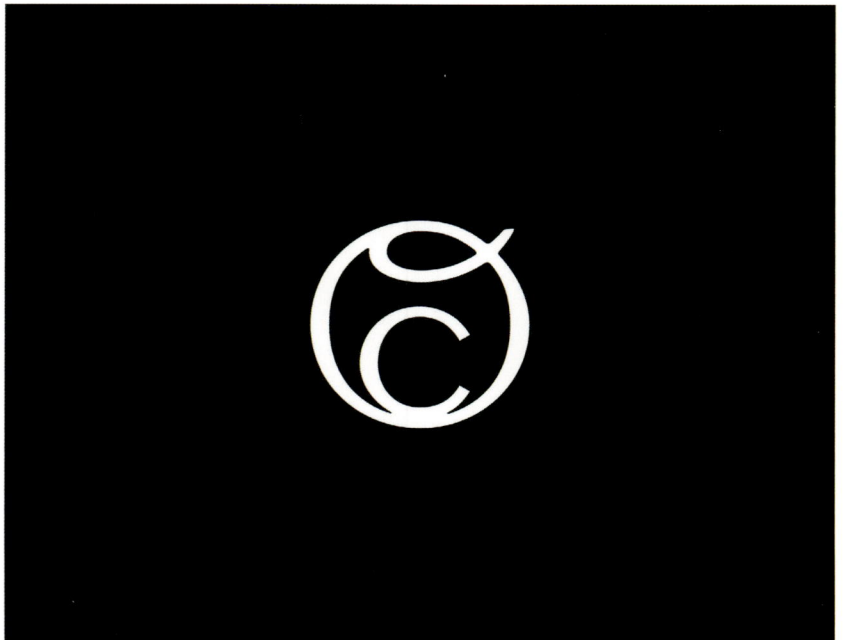

自 2008 年推出单品之后，该品牌将向市场投入新产品系列，因而需要对其品牌形象进行彻底革新。该品牌可以与莱珀妮、海蓝之谜或希思黎等高端国际品牌相媲美，此次新产品的投入需要一个极其强大且与众不同的品牌形象。因此，Brand Brothers 设计公司决定在合作初期与品牌创始人共同打造全新的视觉标识和品牌定位。现有标识存在诸多问题：过时、外行且经不起时间的考验。设计师打算设计一种立体、大胆的图形语言，这种语言可以在保持简洁性的同时唤起情感。

新标识由其专属字体和"OC"字母组合而成，其风格游走于法式精制感和意想不到的现代性之间，再现了关怀、平衡与流畅之感。设计公司为该品牌设计的是一种有着清晰边缘和高对比度的半衬线字体。精致的设计彻底改变了传统的奢华风格。随后，他们不断地在视觉效果与创新图形之间找寻平衡，并以此设计出标识代码。其中一项主要设计为"护肤品字母表"——一组描绘护肤产品特性的图形符号，每个符号都代表了一种特定的产品。该品牌在印刷版面和数字平台上的所有图像资料，均是由 Brand Brothers 公司设计完成的。他们为整个产品系列设计包装，包括反复思量选用何种结构、形状和纸张进行包装制作。他们还与法国摄影师 Julien Ly 共同担任拍摄产品照片的艺术指导，并为印刷广告和他们开发的网站制作全新的视觉效果。该项目还包括制作商业宣传、使用手册及奢华包装袋等。

创新性应对方案以一些简单的原则为基础，要以产品的内在品质取胜，而品牌形象的设计更要突显出这一点。不要过分强调奢华的价值，而是要利用产品本身的价值。最后，要用一种其竞争产品从未使用过的新方法在品牌形象中展现产品开发的核心——植物性和科学性。该品牌于 2015 年秋天投入市场后，深受法国媒体的欢迎，Olivier Claire 也因此获得了重生！

OLIVIER CLAIRE

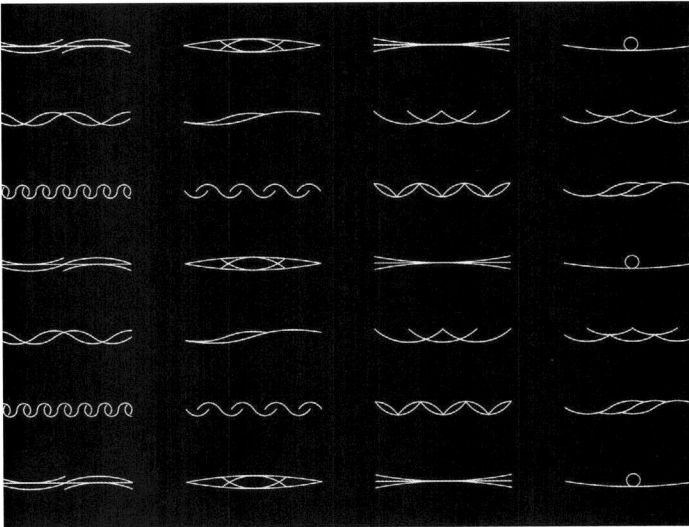

Custom type design
for Olivier Claire
—
Classic French luxury
with modern serifs

Le manifeste Olivier Claire,
Soins Majeurs de Beauté.

OLIVIER CLA

Crème Riche
Hautes Perfo
aux Cellules
et Extraits
Les principes actifs

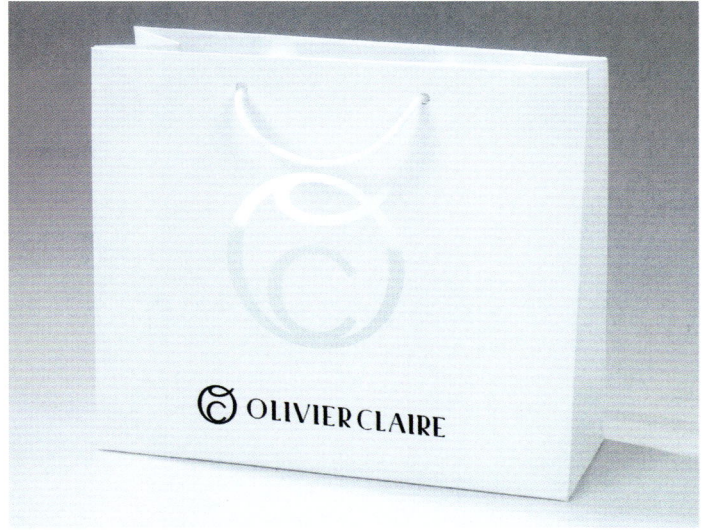

Panda 软件

1990 年，一群小伙伴在西班牙毕尔巴鄂启动了一个创业计划，旨在减少越来越多的数字化病毒给计算机带来的危害，Panda Security 公司由此诞生。他们在应对数字化病毒和威胁方面的开创性方案使其很快便成为世界第四大计算机安全供应商。如今，Panda security 公司仍然是一家全球领先的软件公司，但是由于市场竞争愈发激烈，其他软件品牌也开始采用他们的专业技术，因此，Panda security 公司的开拓者形象已逐步淡化。

Saffron 设计公司先是了解到，每天超过 25 万次的病毒攻击正在使我们的数字化时代变得愈发复杂，并让安全问题成为人们关心的首要问题。Panda security 公司在这方面很有发言权，因为他们一直在为企业、政府、机构及各种移动设备提供保证数字化系统平稳运行的一

项关键服务。网络安全已成为最大的斗争前沿阵地，Panda security 公司可以灵活地为最为复杂的互联网问题提供简单、高效的解决方案。其品牌理念"简单的复杂"准确地捕捉到该品牌的精髓，即通过不断的创新将复杂问题简单化。

Saffron 设计公司没有使用类似于洗衣粉、老鼠药或超级英雄这种普通视觉代码展现预防病毒的解决方案，而是设计了一款传递使复杂简单化这一概念的视觉标识，将重点放在解决方案而不是问题上。设计理念纯粹、真诚、直接。设计公司利用虚构的病毒感知，赋予抽象而真实的威胁以具体形象，并采用适用于所有与品牌相关的内容的形象、乐观的语言。在 Panda security 公司成立 25 周年之际，新的视觉标识的确是帮助公司重新建立品牌形象的最佳选择。

委托方
Panda Security

设计公司
Saffron Brand
Consultants

完成时间
2015

We fight over 200.000 different types of *viruses daily but don't make a big fuss about it. We are both invincible as much* **as invisible.**

Campton ExtraLight, *ExtraLight Italic,* Light, *Light Italic,* **Semibold,** ***Semibold Italic***

Every 6 seconds, 11 digital monsters come looking for you.

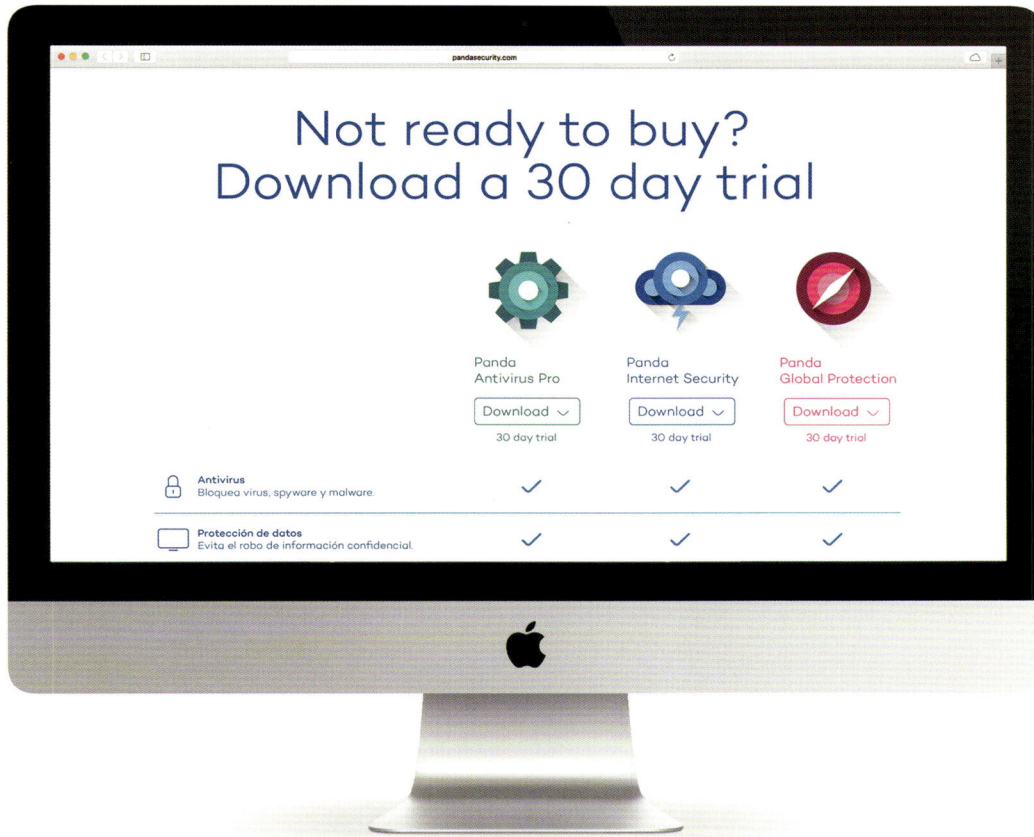

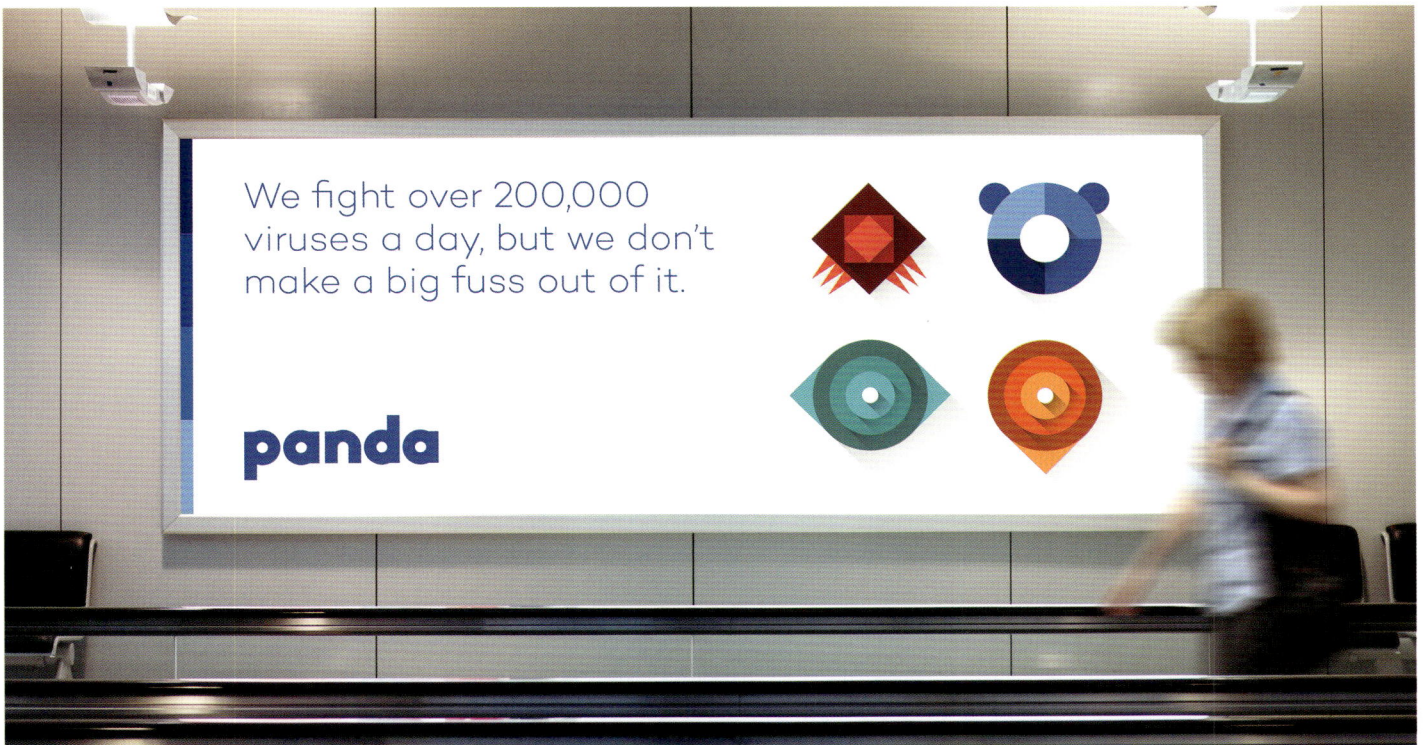

We fight over 200,000 viruses a day, but we don't make a big fuss out of it.

panda

Everlight Radiology 放射服务公司

 > EverlightRadiology

Everlight Radiology 公司（前身为 Imaging Partners Online——IPO）引领了澳大利亚远程放射学实践的发展。他们聘请受过培训的英国及澳大利亚的放射科医生连夜进行准确的分析，全天候提供放射科报告服务。IPO 对未来发展有着大胆的设想，但其名称和品牌形象并未体现这一远大目标，也无法匹配其在该领域的领导地位。

Imaging Partners Online 这个名称具有误导性，首字母缩略词 IPO 也缺乏个性特征。而且，远程放射行业在品牌推广方面无明显特色，包括 IPO 在内的很多企业过去一直在强调他们在技术方面给医院和病患带来的诸多益处。该企业需要新的名称和品牌形象帮助他们脱颖而出，

因而委托设计公司设计新的品牌战略、名称和视觉形象。

设计公司将其品牌名称变更为 Everlight Radiology，以此表现他们全天候的经营模式和他们积极的病患护理方法。新的品牌形象包括排版优雅的

委托方
Everlight Radiology

设计公司
Principals

完成时间
2015

旧品牌形象

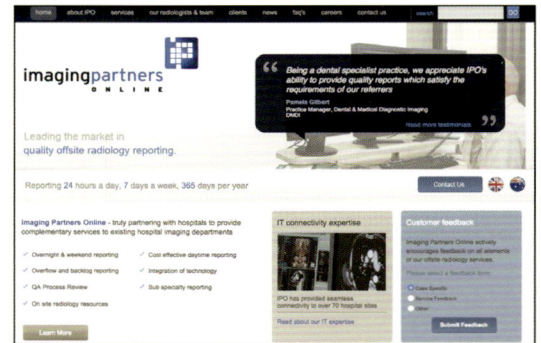

品牌名称，并配以黑、黄、白三种鲜明的色彩和强有力的人物照片。

有两种理念巩固了 Everlight Radiology 公司的新战略。首先是全天候经营模式的重要性，这种经营模式可以使英国和澳大利亚有资质的医生或放射科医生在正常工作时间内提供合适的服务。其次是这家公司的社会精神，即"每一天都至关重要"的品牌理念，该理念描述了公司所在意的事情及他们对每件事的态度。

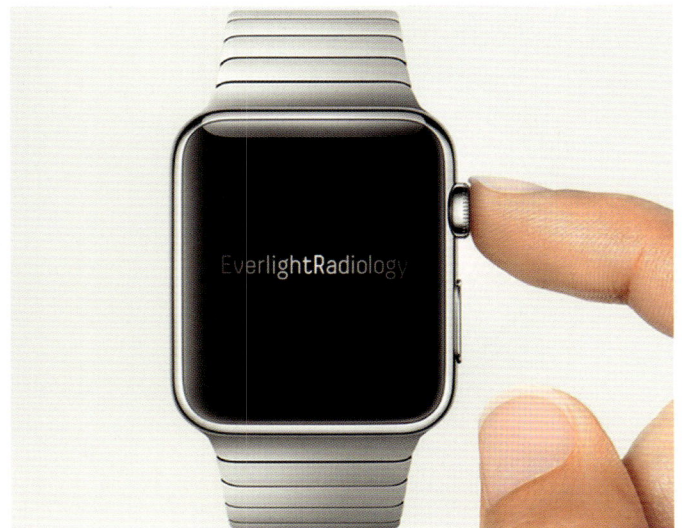

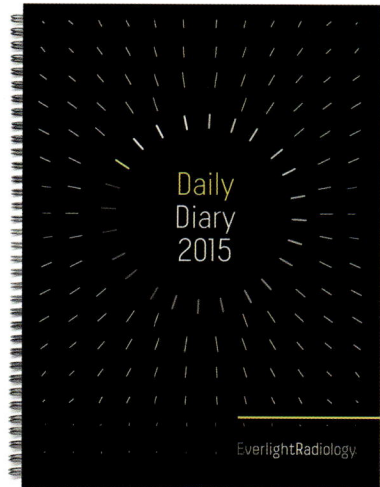

Daily
Diary
2015

EverlightRadiology

April

26

27

28

29

30

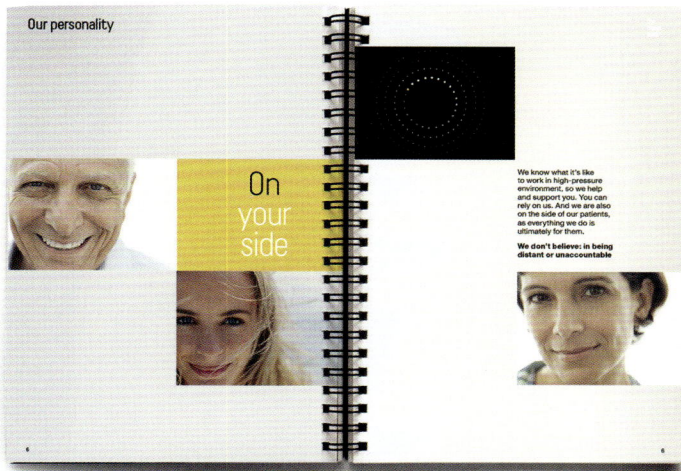

Our personality

On
your
side

We know what it's like to work in high-pressure environment, so we help and support you. You can rely on us. And we are also on the side of our patients, as everything we do is ultimately for them.

We don't believe: in being distant or unaccountable

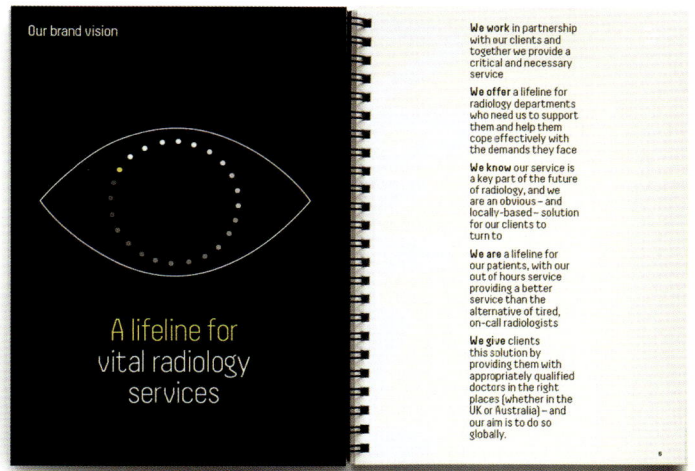

Our brand vision

A lifeline for
vital radiology
services

We work in partnership with our clients and together we provide a critical and necessary service

We offer a lifeline for radiology departments who need us to support them and help them cope effectively with the demands they face

We know our service is a key part of the future of radiology, and we are an obvious – and locally-based – solution for our clients to turn to

We are a lifeline for our patients, with our out of hours service providing a better service than the alternative of tired, on-call radiologists

We give clients this solution by providing them with appropriately qualified doctors in the right places (whether in the UK or Australia) – and our aim is to do so globally.

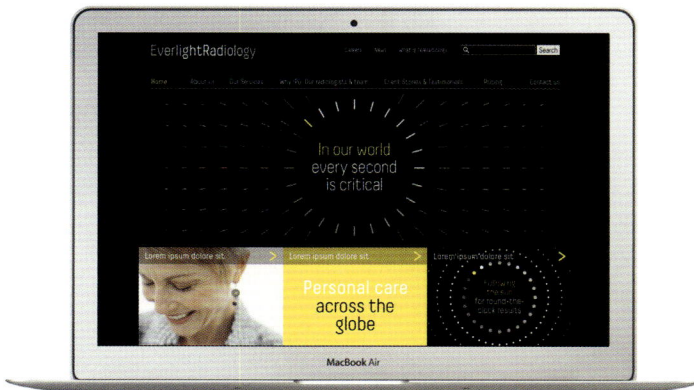

EverlightRadiology

In our world
every second
is critical

Personal care
across the
globe

MacBook Air

Feeling bright
every hour
of the day

EverlightRadiology

It's
what's
inside
that
counts

Breaking Ground 社会服务组织

纽约最大的流浪者组织 Common Ground 在帮助无家可归的人不再流落街头的成功率高达99%。他们正在寻找创新的方式去建造新住房、恢复年久失修的旅馆，从而为流浪者打造体面的居所，这是一种不同于庇护系统的更有效的新模式。然而，该组织在社会服务行业以外却鲜为人知。当谷歌搜索能成就或毁掉一个集团的声誉的时候，Common Ground 这个名字已经变成了影响品牌的不利因素，因为搜索这个名字时通常会出现咖啡店的网址。

因此，Siegelvision 设计公司将其更名为Breaking Ground，更好地体现出他们的创新之举及其建造经济住房的能力。设计公司为该品牌设计了新外观、新标识、新的街头推广制服和一块写有新品牌口号"Breaking Ground——建设和恢复生活"的时代广场广告牌。新标识设计将 "Breaking" 一词的上半部分向上延展，使其好似纽约市的天际线；"Ground" 一词的下半部分向下伸展，意为"根基"。标识选用黄、绿两色，因为黄色多在施工场合使用，而绿色则与成长和青春相关。

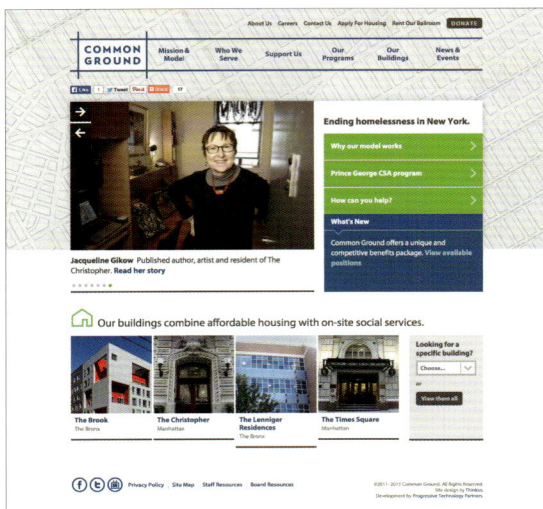

旧品牌形象

委托方
Breaking Ground

设计公司
Siegelvision

完成时间
2015

另外，他们还制作了一部讲述品牌故事的晚会电影，这是一个鼓舞人心的故事，由纽约最不喜欢拍照的明星伍迪·艾伦出演，以此呼吁纽约人助力城市发展。如今，整个组织获得了新生，这个大胆、领先的组织也终于拥有了与其匹配的形象。

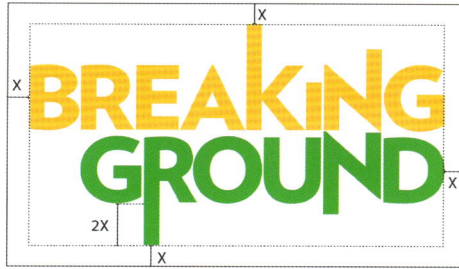

Pantone: 7549 C
C: 83 M: 0 Y: 100 K: 0
R: 0 G: 175 B: 76
Hex: #00af4c

Pantone: 361C
C: 0 M: 26 Y: 100 K: 0
R: 254 G: 192 B: 15
Hex: #fec00f

Pantone: N/A
C: 0 M: 0 Y: 0 K: 100
R: 0 G: 0 B: 0
Hex: #000000

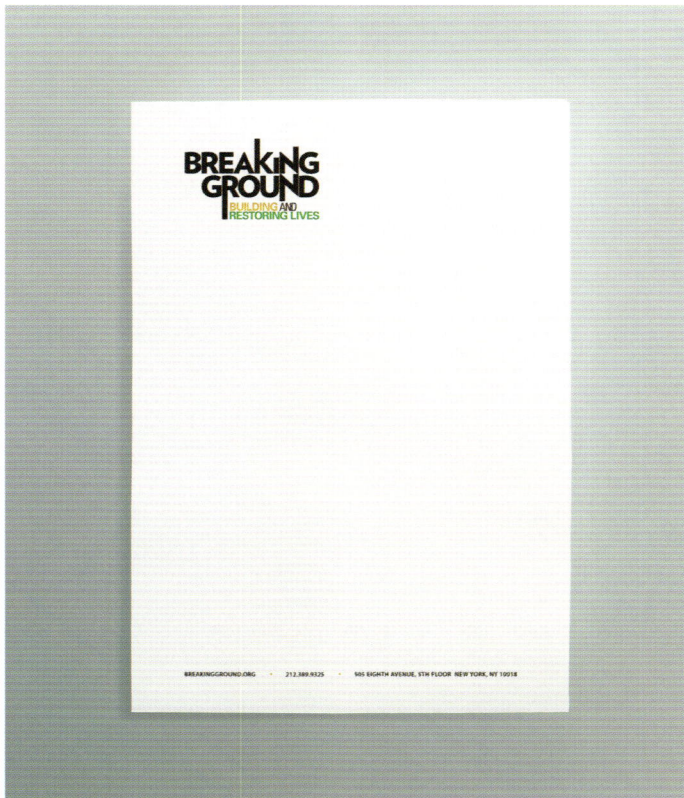

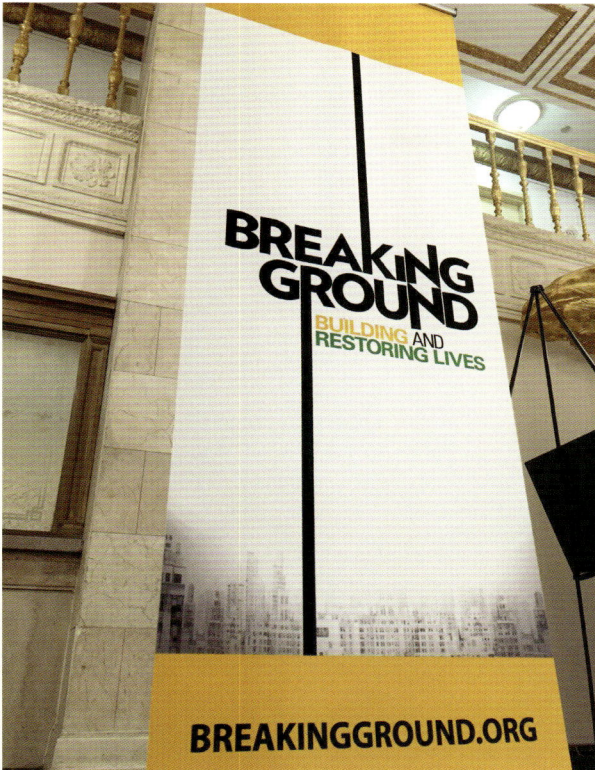

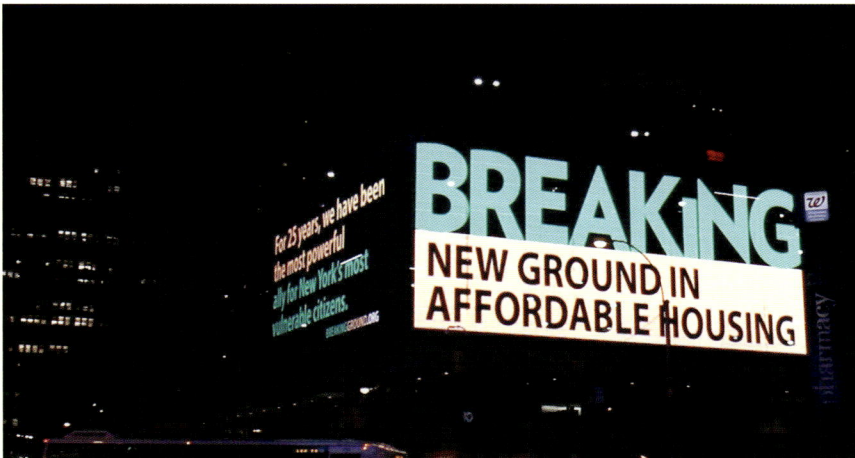

Saelen 设备生产商

SEE Group 是一家中型家族企业集团，是生产绿地维护专业设备的领导者。1880 年，Victor Saelen 创立了这家公司，起初生产的是农业设备。1960 年，公司逐渐增加产品类型，启动了"绿色空间"活动。1986 年，这家具有创新性和前瞻性的公司开始生产木材削片机，并于 1999 年取得"混合式转子"原理的专利，这是一种刀片和锤片的结合体，帮助碾磨机对多余的植物和枝茎进行处理。与此同时，市场竞争也日趋激烈了。

面对愈发激烈的国际竞争，Saelen 公司需要进行产品结构调整。先前的企业品牌较为分散，因此需要新形象来明确 Saelen 公司的品牌战略。而且 Saelen 品牌在德国隶属于 TS 工业品牌旗下，这也使得品牌战略更加含糊不清。之前出现的一些机器设备上的问题已经损害了品牌形象，

Saelen 需要借助新的国际化品牌表达（系列名称、标识、机器设计、新目录等）彻底改变其在木材削片机市场的地位。

Brand Brothers 设计公司为 Saelen 公司和 TS 工业设计了一个新的视觉形象，以此反映公司的不同方面：历经百年的植物碾磨技术、产品的坚韧性及他们显著提高服务水平的承诺。设计师借助品牌形象的变化与应用采用了一个更为强势、简单的解决方案，以此赋予该集团长久以来所缺失的个性。

Brand Brothers 公司为其设计了一个手绘印刷体标识：一个强大的结构化设计，在激烈的竞争环境中具有高度的可识别性。字体设计包括很多细节和微妙之处：新的视觉标识虽然看上去简单，但实际上暗藏着强烈的个性特征、严格的

委托方
Saelen

设计公司
Brand Brothers

完成时间
2015

几何规则和考究的视觉结构。Saelen 公司和 TS 工业的品牌形象均是以此为基础进行设计的。新的品牌准则建立在简单，但易于调整的图形原理基础之上，适用于 Saelen 公司参与的所有市场。设计公司还将这种新的图形语言应用在不同的品牌表现形式上。他们重新设计了 Green Series Wood Series 系列的所有机器（30 种型号）的名字和品牌形象，每台机器的标记也各不相同。

另外，设计公司还部署新的印刷策略：有六种语言的产品目录、媒体宣传活动、视觉展览会和博览会。品牌的开发也落实到了最小的细节上，包括 20 个象形图、载体标记和技术人员服装。在八个月时间内，设计师们重塑了 Saelen 公司在市场上的形象，为这家有着 130 多年历史的家族企业集团展开了健全、独特的战略和视觉设计工作。去年九月，新品牌在杜塞尔多夫和巴黎两场交易会上获得认可，并深受集团所有员工，乃至那些之前持怀疑态度人士的欢迎。

SAELEN
SOM
MAIRE
TS INDUSTRIE
ÉNERGIE

SAELEN
SAELEN

GREEN SERIES | WOOD SERIES
SAELEN
saelen.fr

saelen.fr
SAELEN

DEMANDEZ UNE
DÉMONSTRATION
03 20 43 24 80
saelen.fr
SAELEN
ÉQUIPE LES PROFESSIONNELS
DE L'ENVIRONNEMENT
SAELEN

Eurona 网络公司

Eurona Telecom 成立于 2003 年，是一家为偏远地区提供网络和电话服务的一流供应商。这家公司于 2013 年并购了 Kubi Wireless 公司（专门提供公共场合 Wi-Fi 服务的载体）。随着 4G 时代的到来，Eurona 公司决定改变公司的品牌形象，以便能够与其他主要电信供应商竞争。

该项目需要面对两大挑战：其中一个是打造一个能够在 4G 市场上竞争的品牌，并保持其所有产品的地位；另一个是明确品牌架构，将集团的多个品牌整合在一起，并以一种清晰的、差别化的方式传达出独特的价值定位。

为了应对这些挑战，设计公司需要全面了解 Eurona 公司及它的市场。进行内部和外部分析之后，设计公司制定出了一个能够应对两大挑战的强大的品牌战略。纵观 Eurona 公司十二年的发展历程，市场环境发生了重大变化，实用性逐渐演变成了情感联系。品牌需要有"灵魂"，因此 Small 设计公司以情感联系为基础制定了相应的品牌战略。

先前的品牌符号是以波状和公司起源为设计灵感的。那么这个符号还适用吗？答案显然是否定的。现如今的波长已经不能用赫兹衡量了，而是要用微笑、笑声、记忆、旅行、时刻、分享、归属感和纯粹的情绪来衡量。赫兹波长应将这些情感传至自由空间，而 Eurona 公司则应成为将其送至目的地的载体。因此，Small 设计公司从 Eurona 公司的起源地（巴塞罗那，一个现代、生机勃勃、丰富多彩的城市）寻找图形灵感。至于品牌所要传递的信息也需富有感染力，互联网不再是一种特权，而是一种权利，他们的服务和收费标准也应体现出这点。每个人都有自己的世界和沟通需求，而各不相同的世界通过品牌的丰富色彩得以体现。总之，新的品牌形象鲜活、动态、现代，并面向所有人。

委托方
Eurona

设计公司
Small

完成时间
2015

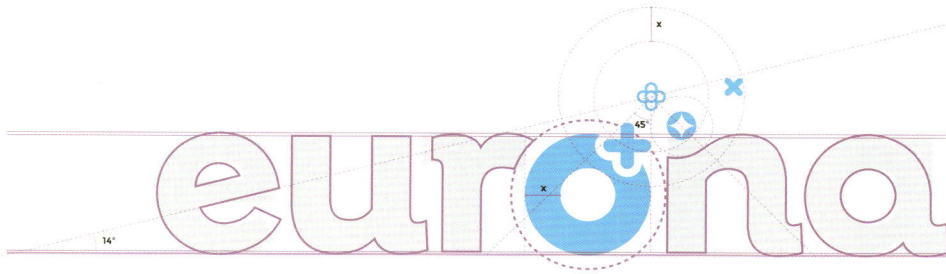

eurona

TU TARIFA
MÓVIL
DESDE

0.-€

O cómo pagar sólo
lo que consumes.

**SIN COMPROMISO DE
PERMANENCIA**

**ELIGE EL MÁXIMO QUE
QUIERES PAGAR AL MES**

CONEXIÓN
REAL
PARA UN
MUNDO REAL

eurona.es

eurona

4G

EN
CASA

O cómo abrir
tu ventana al mundo

Desde
3,00
€/día

CONEXIÓN
REAL
PARA UN
MUNDO REAL

eurona.es

HUAWEI

eurona

KIT

4G

EN
CASA

CONEXIÓN
REAL
PARA UN
MUNDO REAL

eurona

eurona
LLAMA YA
900 844 009
INTERNET
AQUÍ Y AHORA
eurona

eurona

eurona
785510024
SIMCARD 785510024
eurona

Dailymotion 视频分享网站

Dailymotion 是一个视频分享网站,于 2005 年 3 月创立于巴黎,比 YouTube 网站的成立时间晚一个月。自创立以来,这家网站发展迅速,每天的浏览量高达 35 亿,有 3 亿粉丝。在过去的十年间,网站专注于自我完善和保护其合作者,不太重视自己的品牌。到 2014 年,视频领域已经发生了重大改变。Dailymotion 网站决定要为新阶段的发展做准备,因此邀请 venturethree 设计公司重振自己的品牌。

这是一个完整的品牌升级项目,项目内容包括:品牌战略、品牌架构、标识、字体、色彩、图像、视觉风格、语言风格和新产品开发。事实表明,网络视频越来越像电视节目。YouTube 网站等平台推出了很多"明星",对视频制作者进行培训,教他们如何使自己的行为举止更像黄金时段的节目主持人,并投资高端制作。这违背了网络视频最初的让任何人制作任何视频,并与上

百万观众分享的朋克精神。Dailymotion 网站矢志不渝地坚持着这种精神,让视频制作者用自己的方式进行制作,捕捉和分享真实生活的多样性。这种精神成为品牌升级项目的核心,并以简单、强大的思想"视频中的生活"为指导。为了实现这一战略,venturethree 设计公司将 Dailymotion 网站的视频内容置于品牌中心,同时突出视频内容旁边的视觉标识。品牌形象元素还需适用于平板电脑和手机屏幕上的狭小空间。

现有标识中的图标过于复杂、老旧,因此,venturethree 公司拿掉了图标,将重心放在品牌名称上。品牌名称是一种资产,它不同于其他数字化播放器,而是品牌传承的重要组成部分。新的文字商标使用的是干净、现代的 Avant Garde 字体,给人一种独特的感觉。设计公司采用紧密的字间距减少水平空间的占用,同时将字

委托方
Dailymotion

设计公司
venturethree

合作者
David Milsom〔战略主管〕,
Jason Lowings〔创意总监〕

完成时间
2015

Icon

Colour

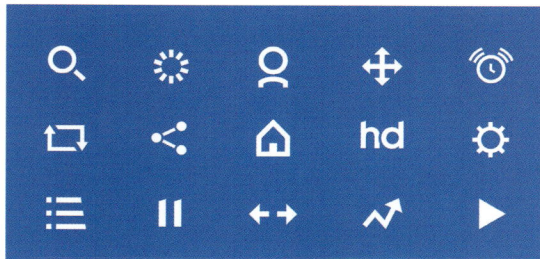

Typography

AaBbCcDdEeFfGgHhIiJjKkLlMmNn
OopQqRrSsTtUuVvXxYyZz
AaBbCcDdEeFfGgHhIiJjKkLlMmNn
OopQqRrSsTtUuVvXxYyZz

以文字商标为基础设计的新字体拥有足够强大的力量使其位于视频内容的顶部，且能够依靠自身特点脱颖而出。设计公司仍然以蓝色为主色调，但是增加了色彩的亮度和活力，为品牌注入新的能量。最后，为了提升整体顾客体验，他们对品牌架构进行了简化和合理化处理，并为主网站和应用程序设计了一套新的图标。

最后，他们对 Dailymotion 网站在全球市场中扮演的角色进行了定位，确保它可以在竞争愈发激烈的网络视频市场中脱颖而出。设计公司想要突出 Dailymotion 网站坚持制作和分享多元化视频内容的自由这一特点，同时确保视觉形象能够清晰、协调，并超越自身价值。

母的出头部分设计成轻微的切面，使其看起来尖锐、独特。最后，将前两个字母部分重叠，以此强调应用于 app 和社交媒体网站等的小图标"d"。

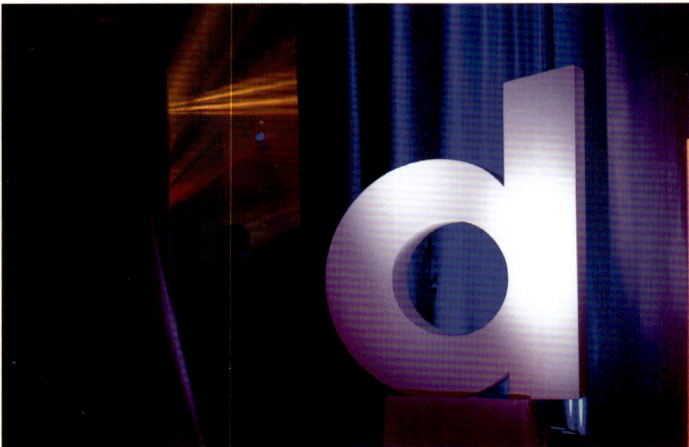

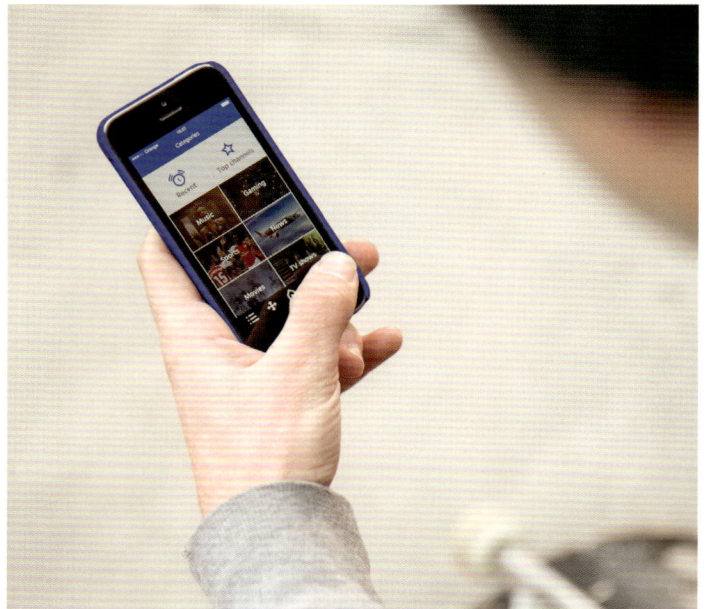

Check it out. My video is todays #LifeInVideo #OMG #Amazing

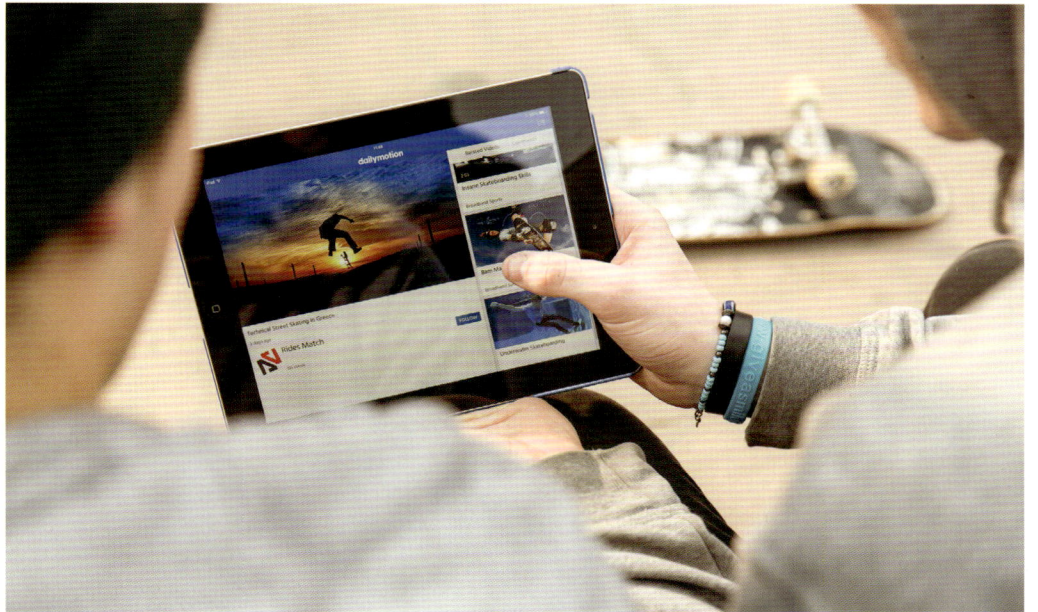

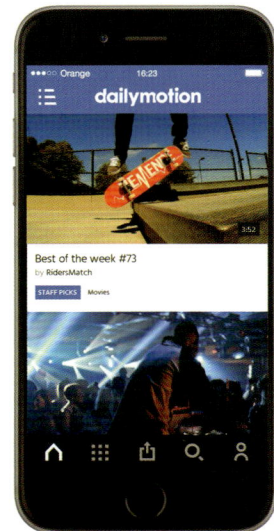

Ravensbourne 设计院

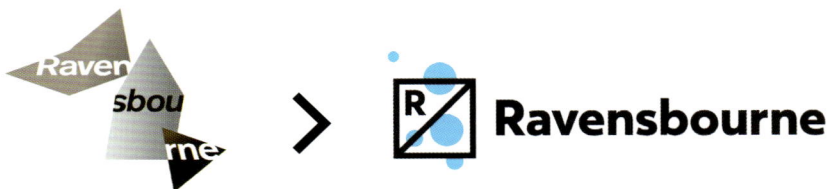

具有前瞻性的设计院 Ravensbourne 计划成为拥有学位授予权的独立院校。在项目开始之前，设计公司首先思考了"具有创造性的大学是什么样的？"继而设计了一个简单的图标，这个图标可以在不同的应用程序中充当灵活的框架，充满能量，宛如 Ravensbourne 设计院的"创意村"。新标识突显了学院名称，并由此建立一个欢乐的品牌展示系统。

新的多形态标识完全不同于先前受建筑结构启发的标识，其形象与标志性建筑关系不大，而更多的是与建筑物里发生的事情有关——协同工作、业界互动及学科的创造性碰撞。醒目性是非常重要的一点，作为一家可以带来国际影响的小型专业学院，Ravensbourne 的名字一定要引人注目。因此，设计公司专门设计出一种独特的字体，以此提高标识的清晰度、易读性和易懂性。

委托方
Ravensbourne

设计公司
NB Studio

合作者
Nick Finney〔创意总监〕,
Jamie Breach〔高级设计师〕

完成时间
2016

Ravensbourne

Regular
Bold
Extra Bold

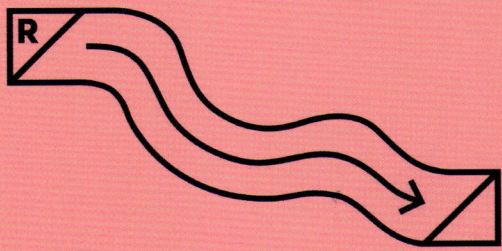

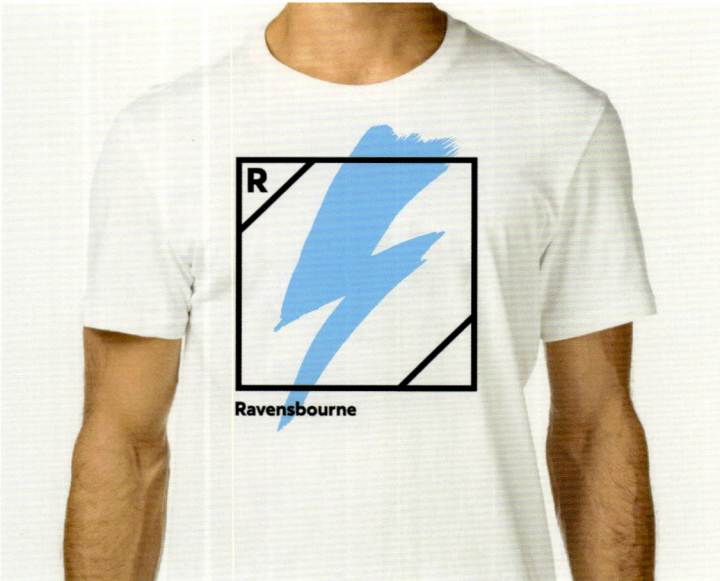

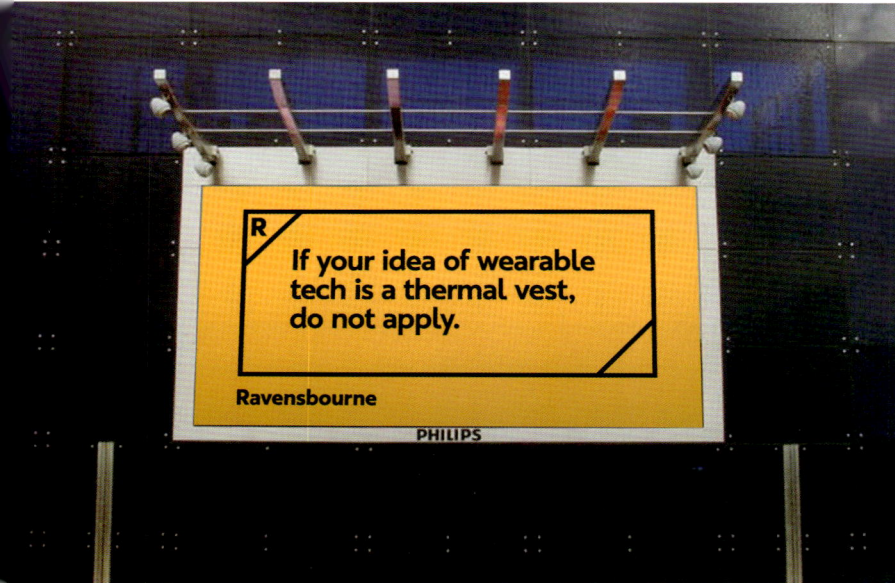

Life Without Barriers 社会服务组织

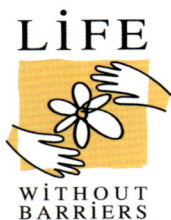

>

自1988年创立以来，Life Without Barriers 社会服务组织为政府部门提供了一系列的服务，包括残障服务、寄养服务、养老服务和心理健康服务，并为难民和寻求庇护者提供支持。他们是该领域最受尊敬的机构之一，如今正面临着其他非盈利组织机构的竞争，而澳大利亚政府现在也允许其受益者自由选择社会服务机构。这促使该社会组织对自己的市场定位和品牌战略进行重新评估。他们的形象"温和、亲切"，但却没有展现支持业务蓬勃发展的热情，使他们看起来与行业内很多其他的机构并无明显区别，因此，他们正在努力表明自己的立场及不同之处。

旧品牌形象

新品牌的设计背离了该行业"温暖、亲切"的传统。新标识 (We live) Life Without Barriers,

委托方
Life Without Barriers

设计公司
Principals

完成时间
2014

表明了该组织的意图和信念。新品牌形象使用的是当地的图片风格（这对非盈利性组织来说非常重要），但是对照片进行了强化处理。大胆、坚定的色彩增加了新品牌的影响力，使该组织从众多机构中的一个害羞的品牌转变成一个自信的参与者，并拥有与其品牌战略、品牌信念和品牌期望相匹配的醒目标识。品牌名称说明了一切，这份工作虽然辛苦，但他们却依然充满热情，因为他们认为这样做很重要。

WE LIFE WITHOUT BARRIERS VE

WE LIFE VE

MENLO
BOLD

Minion Regular for copy

Arial for all internal electronic documents
Georgia as alternative to Minion for web

Living colours

Flat colours

Corporate colours

WE LIFE VE

WE ARE
IMAGINATIVE
We are imaginative in our
thinking and open to new ideas.

WE LIFE VE

WE ARE
RESPONSIVE
We are responsive to needs,
determined to get things
done and do them well.

WE LIFE VE

WE LIFE VE

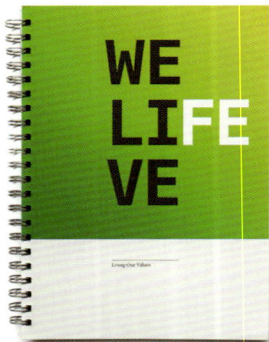

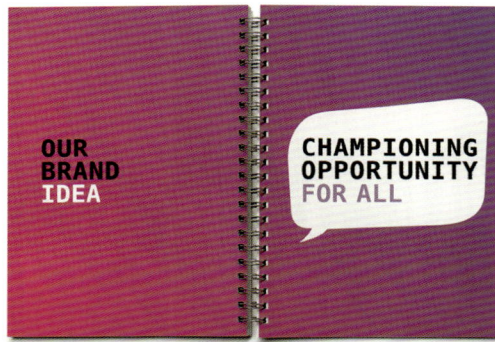

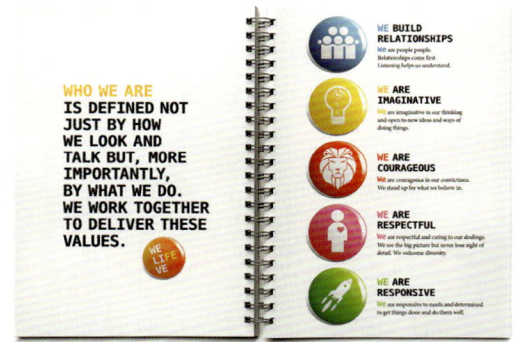

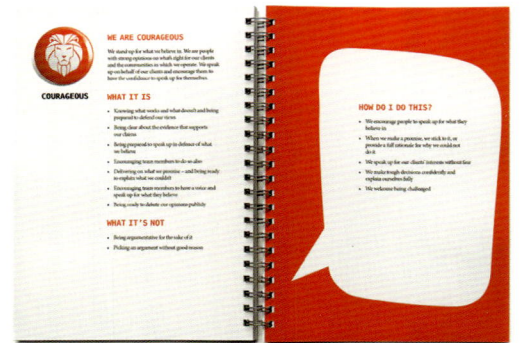

R&B 微酿啤酒

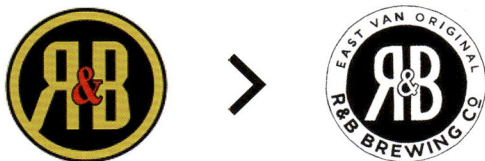

R&B Brewing 是温哥华一家最早的东温哥华微酿啤酒公司，早在近 20 年前便已经存在。R&B 啤酒公司打算改变其包装的样式和规格，增加插图和标签，同时重新审视其品牌形象。由于北美精酿啤酒厂的数量不断增加，其合作伙伴 Rick（"R"）和 Barry（"B"）要求设计公司帮助他们重新设计包装。先是将 650mL 的啤酒包装规格变成一箱 341mL、6 瓶装的标准规格，以确保其包装和品牌平台能更好地反映出他们是谁，及他们与其他品牌有何不同之处。作为温哥华最早的精酿啤酒厂之一，R&B 啤酒公司希望抓住他们诞生于东温哥华的独立精神。

品牌语言的设计灵感来源于 R&B 啤酒公司纯手工酿造的产品，因此，包装上包括条形码在内的所有元素都是手工绘制的。大胆的剪影插图以啤酒的古怪命名传统为灵感，浓郁的色彩有助于该品牌的产品从货架上脱颖而出。主要的品牌故事元素，富有表现力的手工绘制风格，以及额外的品种信息，如 IBU（国际苦味指数）、蒸煮信息、时效温度、啤酒花和大麦品种，均体现了 R&B 啤酒公司拥有独立工艺的品牌定位。

委托方
R&B Brewing

设计公司
Saint Bernadine Mission Communications, Top Shelf Packaging

完成时间
2016

旧品牌形象

Vancouve-Special IFA	Dark Star Oatmeal Stout	Sun God Wheat Ale	East Side Bitter
Raven Cream Ale	Red Devil Pale Ale	Dude Chilling Pale Ale	Stolen Bike Lager

RAVEN CREAM ALE

EAST SIDE BITTER

CRAFT BREWED East IN & Van

Pale Ale

CAREFULLY HAND-CRAFTED IN SMALL BATCHES from our EAST VAN MICRO BREWERY

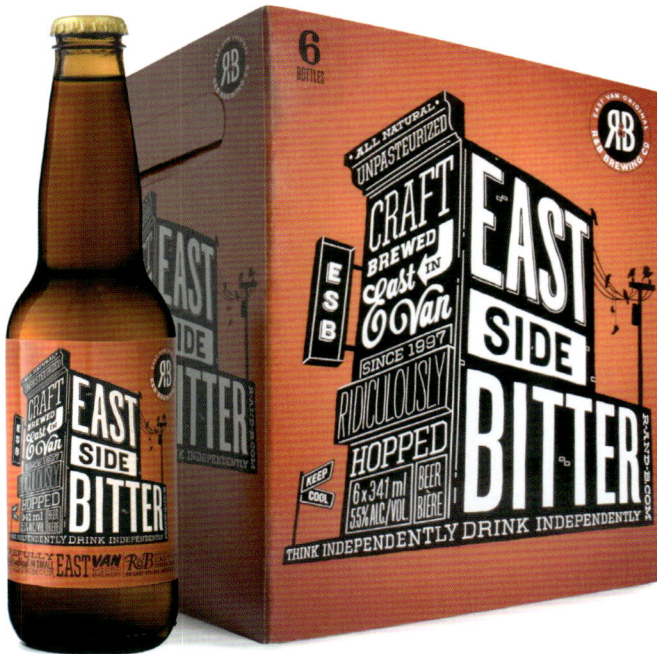

IKB 能源与公共事业机构

Innsbrucker Kommunalbetriebe AG (IKB)
是奥地利提洛尔的能源与公共事业领域的市场
竞争者。IKB 对所有私人和公共客户的承诺是:
一流的服务、可靠性、创新性和专业性。为了提
高品牌知名度,设计公司制定了一个可以反映
IKB 新期望的巧妙、清晰、灵活的企业设计和沟
通战略。动态的"1"和"Eins für alle"("我为
人人")的广告语不仅体现了 IKB 作为创新型市
政服务专家的地位和智能能源解决方案提供者
的能力,而且清楚地表明了 IKB 的态度: 作为一
个"全民公司",IKB 有意对外向市民、客户和合
作伙伴开放,对内向员工开放。IKB 明确地将群
众和他们的需要放在第一位。

IKB对提洛尔地区的环境保护做出了宝贵的贡献,
极大地增加了该地区的吸引力。在 2013 年的企
业发展进程中,IKB 推出了新的品牌介绍,这也

旧品牌形象

显示出他们重塑企业形象的迫切需要。设计公
司以该品牌现有的高知名度及传统、可靠等核心
属性为基础,对当前形象加以利用,并将其置于
当代环境中使其得到进一步地发展。

委托方
IKB—Innsbrucker
Kommunalbetriebe AG

设计公司
Brainds, Marken und
Design GmbH

完成时间
2015

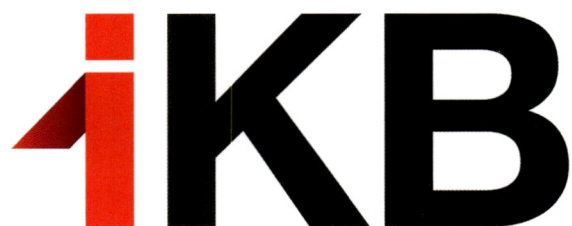

Helvetica

ABCDEFGHIJKLMNOPQRSTUVWXYZ
abcdefghijklmnopqrstuvwxyz
1234567890 ?!@&#$%

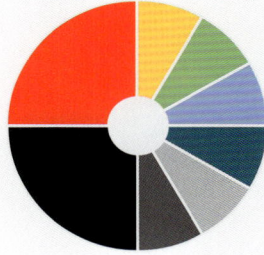

ABCDEFGHIJKLMNOPQRSTUVWXYZ
abcdefghijklmnopqrstuvwxyz
1234567890 ?!@&#$%

Internet

Internet

Mobile

Telephone

WIMAX

Wimax

bis zu 15 Mbit/s

Internet Power

von 50 bis 1.000 Mbit/s

iKB Fibernet

iKB IC-Solutions

iKB Recycling

iKB Procontracting

Hallenbad Höttinger Au **iKB**

Freibad Tivoli **iKB**

Baggersee Rossau **iKB**

Hallenbad Olympisches Dorf **iKB**

iKB

iKB Eins für alle.

www.ikb.at

iKB Innsbrucker Kommunalbetriebe Aktiengesellschaft
6020 Innsbruck, Salurner Straße 11

iKB Innsbrucker Kommunalbetriebe Aktiengesellschaft
6020 Innsbruck, Salurner Straße 11

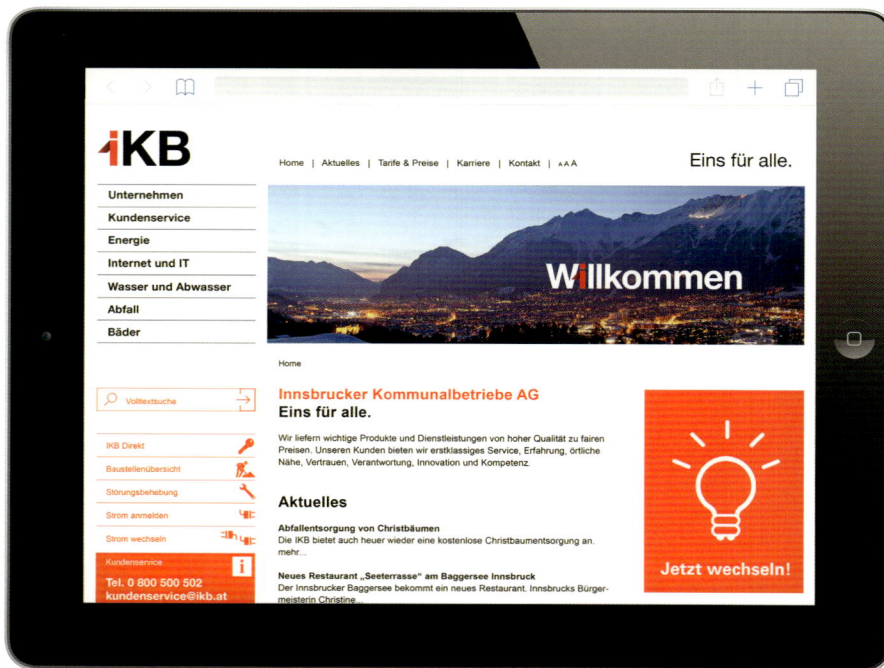

Innsbrucks surfen.
Die echte Glasfaser
Speedvergleich
Fibernet
z. B. 3G
Fibernet

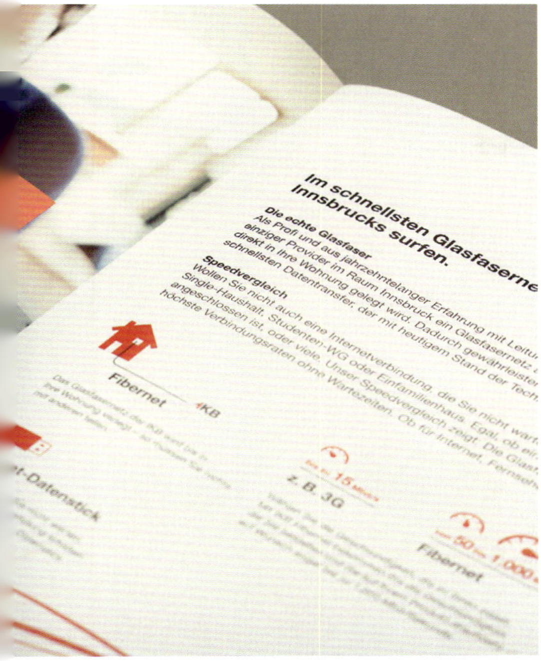

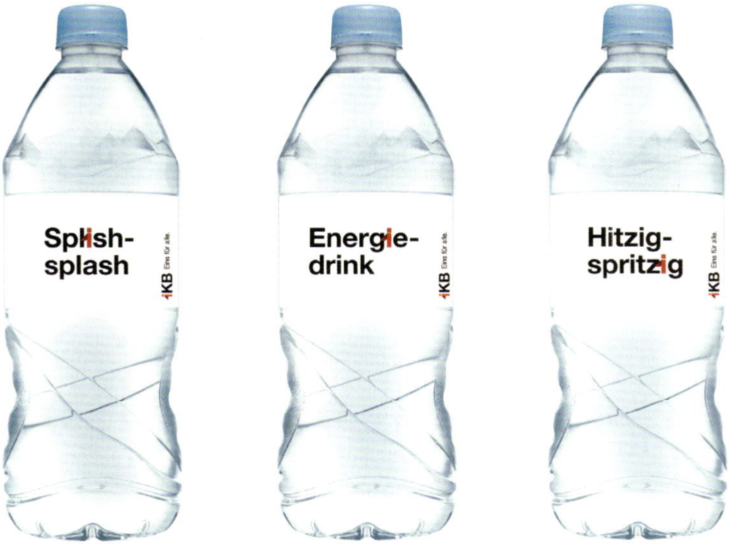

Splish-splash
IKB Eins für alle.
Energie-drink
IKB Eins für alle.
Hitzig-spritzig
IKB Eins für alle.

IKB Eins für alle.
Gründlich
Abfallservice
0 800 500 502 / www.ikb.at
IKB
IKB Eins für alle.
Zuverlässig
Abfallservice
0 800 500 502 / www.ikb.at
IKB
IKB Eins für alle.
Zuverlässig
Abfallservice
0 800 500 502 / www.ikb.at
IKB

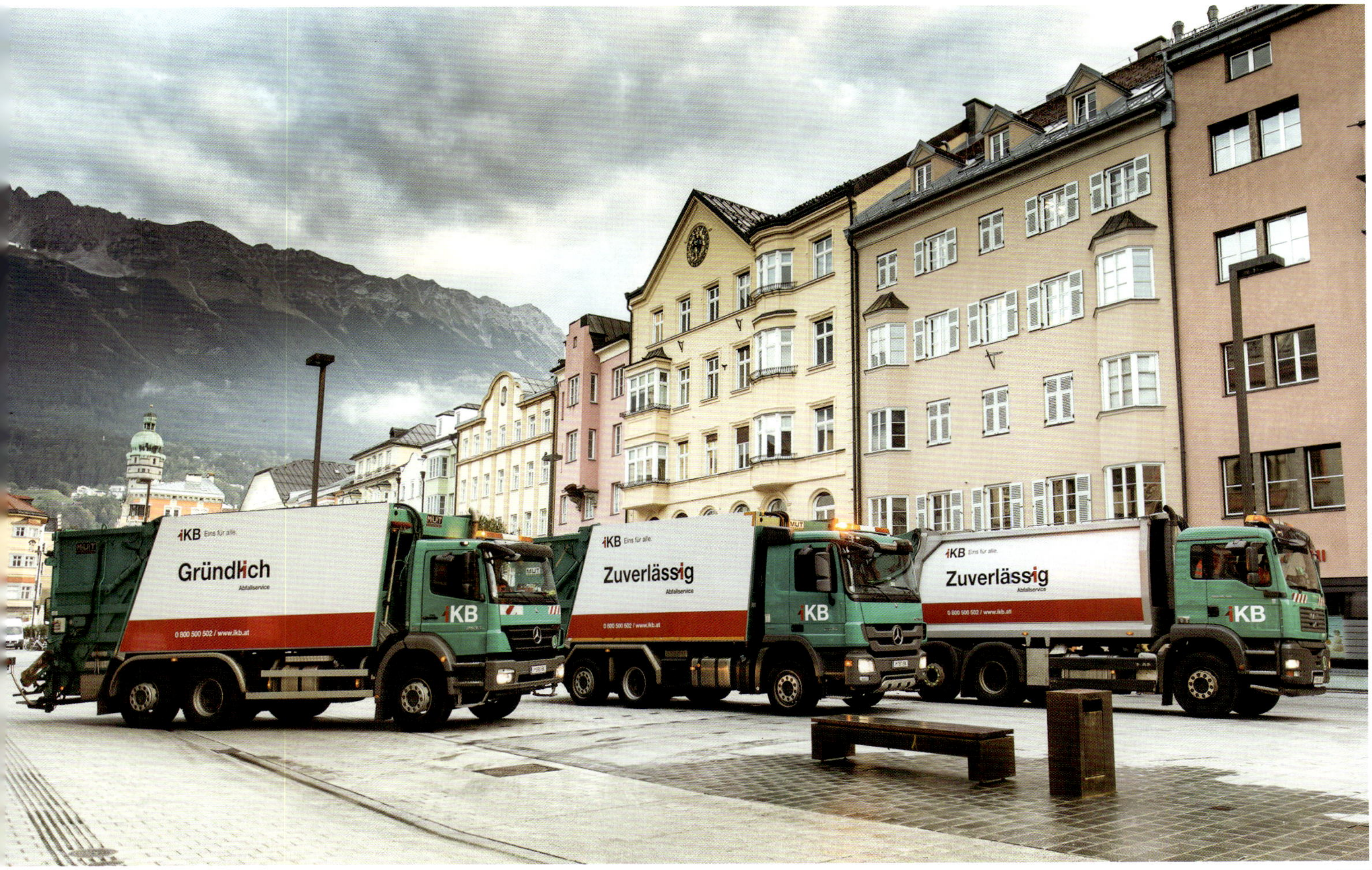

Obentos 休闲餐厅

这是一家位于北京的日式健康休闲餐厅，餐厅的名字来源于日本有名的便当盒，代表着便捷、营养和多元化的味道。Obentos 餐厅意识到需要进行改变，以帮助其在北京激烈的健康食品竞争市场中脱颖而出。

MetaDesign 设计公司受托为 Obentos 餐厅更新品牌标识，用以突出其新鲜食物和天然味道的健康理念，展现日本现代和传统的菜肴，并将 Obentos 餐厅与北京的其他健康食品餐厅区分开来。

"完美均衡"的品牌理念来源于品牌名称和餐厅提供健康、可口食物的信念，代表着具有生活元素、健康饮食习惯和美味佳肴的食谱。灵活多变的品牌形象通过不同的味道组合实现了"完美均衡"，利用对比鲜明的模块化布局原则，结合清新的、有食欲的配色和极具特色的插图赋予了各种味道组合以生命力，而这些设计的灵感均来源于餐厅的天然食材和清新提神的字体。

旧品牌形象

委托方
Obentos

设计公司
MetaDesign, Beijing

合作者
Sally Anderson（创意总监），Bianca Mente（平面设计），Siuming Leung（平面设计），Chang Ching Yen（平面设计），Jonathan Leijonhufvud（摄影），Coromoto Architecture Studio（室内设计）

完成时间
2016

完美平衡
perfect balance

完美平衡
perfect balance

pantone 382C	pantone 123C	pantone 7417C	pantone 4745C	white
pantone 370C	pantone 144C	pantone 7420C	pantone 153C	black

Lean & Steamed 蒸鸡胸轻食
sake steamed chicken breast in a ginger infused ponzu sauce
清酒蒸鸡胸配日式姜柠檬醋汁

Simply Salmon 鲜三文鱼主义
lightly cured marinated sashimi salmon & wasabi avocado puree
轻微熏制鲜三文鱼配芥末油梨酱

TSTAR, TSTAR Mono Rounded, FZYouhei 方正悠黑

obentos

本之味

天然 均衡 健康

obentos
本之味

bento pusher

obentos
8
34
50
Healthy food coming your way very soon — Really!
perfect balance
bento lover
natural 均衡

ORDER ONLINE
OUR LOCATIONS
HEALTHY LIVING
BENTO LOVERS
obentos
welcome to obentos
new summer salads
gallery
order online
andrew's blog
obentos is a Japanese inspired casual dining concept focusing on a healthy, natural and balanced lifestyle.

索引

图书在版编目(CIP)数据

品牌升级／(法)约翰·德比(Johan Debit)编;潘潇潇
译. —桂林:广西师范大学出版社,2017.4
ISBN 978 – 7 – 5495 – 9557 – 0

Ⅰ. ①品… Ⅱ. ①约… ②潘… Ⅲ. ①品牌战略
Ⅳ. ①F273.2

中国版本图书馆 CIP 数据核字(2017)第 042605 号

出　品　人:刘广汉
责任编辑:肖　莉　孙世阳
版式设计:张　晴
广西师范大学出版社出版发行
(广西桂林市中华路22号　　　邮政编码:541001)
(网址:http://www.bbtpress.com)
出版人:张艺兵
全国新华书店经销
销售热线:021 – 31260822 – 882/883
恒美印务(广州)有限公司印刷
(广州市南沙区环市大道南路334号　邮政编码:511458)
开本:889mm×1 194mm　　　1/16
印张:18.5　　　　　　　字数:50 千字
2017 年 4 月第 1 版　　2017 年 4 月第 1 次印刷
定价:228.00 元